新装版

真経営学読本

福島正伸

株式会社きんざい

新装版　真経営学読本

はじめに

「ドクター、私はガンですか？」

「……まあ、そういうことですね」

私は突然、ガンを宣告されました。それは、一方的に「死」と向き合わなければならないことを意味します。命をかけた私と病魔との戦いの始まりです。

診断結果は中咽頭ガンでした。医師が勧める治療法は「手術」です。もし転移が認められれば、喉だけでなく食道をも切除する大手術となります。たとえ命が守れたとしても、社会復帰は絶望的でした。私は手術を断りました。

「この命は自分のためだけでなく、人のために使い切りたいと思っているんです。生きることだけ考えるなんて、できません」

「あなたは頭がおかしいとしか思えない」

「なぜわかったんですか？　そうなんですよ。頭がおかしいって、よく言われるんです」


私は、社会復帰ができる治療法を探して、37の病院を回りました。

そのような状況の中、万一の場合のことを考えて、私には、治療の前に、どうしてもやらなければならないことがありました。それは自分の声で、私の人生の集大成ともいえる「真経営学」をＣＤに吹き込む作業です。

ＣＤは、私の誕生日に、一日限定で１０００本のみ販売しました。ホームページやメルマガのみでの告知でしたが、瞬く間に完売してしまいました。私たちはホッと安堵《あんど》し、完売御礼の言葉をホームページに掲載しました。

ところが、「どうしてもＣＤを買いたい」という問い合わせの電話が殺到しました。想定を超えて早く完売となったため、勤務時間後に購入しようとした人が買えなかったのです。その日、スタッフは深夜まで電話応対に追われました。

問い合わせの電話は数日続きました。「なんとか入手できないのか」という皆さんの要望にどうにか応える方法はないものか思案し、ＣＤの内容をもとにした書籍『真経営学読本』を発刊することにしました。

本書は、〝最幸〟の結果しか出ないように理論構築したさまざまなテーマについて、物語のようにお話しすることを心がけました。

これまで、私が経験してきたこと、気付いたことなどが、少しでも皆さんの役に立ち、夢と勇気と笑顔であふれた社会につながっていくことができれば〝最幸〟です。

福島正伸

本書は２０１６年８月に刊行された『真経営学読本』の改装版です。

もくじ

1　学生時代

私の原点は、学生時代に感じた「ある違和感」です。まずは、そこからお話しします。

私は、「大人になる」ということは、立派な人間になっていくことであり、幸せになっていくことだと、ずっと思っていました。

そして、経営とは「人を幸せにすることで、幸せな社会をつくっていく」ことだと思っていました。実際の経営がどのようなものか、何もわかっていませんでしたが、私の中には、漠然とそういうイメージがありました。

ところが、朝、学校に向かう電車内で目にした社会人たちは、なぜか楽しそうではありませんでした。たまたまかもしれませんが、どこか元気がありません。私は、そこに違和感を覚えました。

「これから、幸せになるために会社に行くんじゃないの？」

「世の中の役に立って、人を笑顔にするために行くんじゃないの？」


社会人は、みんな元気に出勤しているものだと思っていました。自分もそういう社会人になりたいと思っていたのです。私はわからなくなりました。


「社会人は、なんで疲れているんだろう？」

「ぼくたちは、疲れるために大人になるの？」

「社会に出ることは、大変でつらいことなの？」

「働くことは、そんなにつらいことなんだろうか？」

「何のために働くんだろう？」

「何のために社会人になるんだろう？」

友人たちと、そんな議論ばかりするようになりました。ある日、友人は次のように言いました。

「でもさあ、福島、給料がなかったら生きていけないじゃん」

「じゃあ、なんで、タヌキは給料がないのに、山で生きていけるんだい。あいつらは給料をもらっているのかい?」

「福島、まだまだ人間には知らない世界がいっぱいあるんだよ。タヌキは夜、音楽隊をして稼いでいるかもしれないだろう」


このような議論がずっと繰り返されました。

私は、「人間は、ただ生きるために生まれてきたのではなく、幸せになるために生まれてきた」と思いたかったのです。生きるために働くのではなく、幸せになるために働く。それこそが人間らしい生き方だと思いたかったのです。とはいうものの、具体的に何をどうしたらいいのか、サッパリわかりませんでした。

そうこうしているうちに、就職する時期がきてしまいました。見回せば、仲間や友人たちは、みんな就職活動を懸命にしていました。みんな夢を見つけて、働きたい会社を見つけて就職していきます。しかし、私はどうしてもそれが見つけられませんでした。

いろいろな企業を回ってみたり、自分でいろいろ考えたり、友達とたくさん話をしたりしましたが、「何のために働くのか」「私の夢は何なのか」、その答えを見つけることはできませんでした。

流されるままに就職活動をしていたところ、ある会社から内定をいただくことができました。私は、そこに就職することにしました。しかし、働く意欲はありませんでした。何のために働くのか、何のために生きているのかわからなかったからです。


就職した1日目、午前中の研修が終わった時点で、すでに限界に達していました。私は辞表を出し、会社を辞めました。

たくさんの人に迷惑をかけてしまいました。でも、本当に自分自身が納得できる生き方をしていくためには、一度、自分を厳しい状況、何もない状況において、そこから考え直さなければダメだと思ったのです。

友人たちは、口々に「福島、おまえは間違っているよ。その選択は危険だ」と言いました。後で聞いた話ですが、「あいつはいいヤツだった」「あいつの人生は終わった」などと言われていたようです。

でも、私は、すべてを一回ゼロにして、何もないところから、「何のために生きて」「何のためにこれから仕事をしていくのか」を考えたかったのです。

友人たちは、就職して忙しくなっていきました。話す機会はなくなっていき、当然のように、ほとんどの友人との縁が切れました。そんな私の姿を両親が見れば、きっと心配してしまいます。私は家を出ることにしました。小さなアパートを借りて、そこでの生活が始まりました。

しかし、たちまちびっくりすることがありました。毎月家賃がかかるのです。学生時代は、家賃のことなんて考えもしませんでした。両親がすべて面倒を見てくれていたからです。一人暮らしをして初めて、生きていくだけでお金がかかることを思い知らされました。

私は、生活をするために、そして家賃を払うために、仕方なく働かざるを得ませんでした。望んでいたものとは、まったく違う生活がスタートしました。

月曜日から土曜日まで、毎日アルバイトをしました。しかし、いくら必死に働いても、きちんと就職した友人たちの収入や待遇には遠く及びません。

私は、日曜日を待つようになりました。毎日、「早く日曜日が来ないかなあ」と思っていました。日曜日は仕事がないため、仕方なくアルバイトをしなくても済むからです。

しかし、日曜日の夕方、テレビから「サザエさん」のテーマソングが流れてくると、途端に暗い気持ちになりました。明日から、また仕方なく働かなければならないからです。つらい1週間が、また始まります。「サザエさん」の楽しげなテーマソングを、何度恨めしく思ったかしれません。

何のために生きているのか、ますますわからなくなっていきました。ついに、「このままじゃいけない」と思い、事業を始めることにしました。

ここから、私の夢への挑戦が始まりました。

2　失敗の連続

事業を始めたばかりのころ、私は、毎日「こういう仕事ができます」「ああいう仕事ができます」と言って、飛び込み営業をして回りました。

ただし、お金がなかったので、チラシもポスターも作れません。どうしたかというと、裏が白紙の新聞折り込みチラシを集めて、その裏面にマジックで手書きして作ったのです。しかし、表面は他社のチラシですから、置いて帰ることもできません。その場で見せるだけです。

名刺は、ノートをハサミで名刺サイズに切って、手書きしました。何度も突き返されました。投げ返されたこともあります。なんと、その名刺を持って銀行に行き、担保も何もないまま、借り入れの申し込みをしたこともあります。それほど何もわからなかったのです。当然、融資の相談なんて乗ってもらえるはずもありません。

まったく誰も相手にしてくれませんでした。「こんなにも、人は話を聞いてくれないものなんだ」。私は、痛感しました。どうして事業がうまくいかないのかわからず、最初は本ばかり読んでいました。

「こうしたらいいのではないか」
「ああしたらいいのではないか」

いろいろなことをしてみました。四つの事業に挑戦しましたが、何をやってもうまくいきません。たった1円の売り上げすらあげられません。

こんなにも事業が難しいものだとは、思ってもみませんでした。創業さえすれば、やりたいことができると思っていたのです。しかし、一歩踏み出した途端、壁にぶち当たり、すぐに心は折れてしまいました。四つの事業に失敗した私は、アルバイトをしながら、なんとか生活している状態でした。

五つ目の事業を始めようと思った時、ふと、「ああ、これも失敗するな」と思いました。

たった四つしか失敗していないのに、これから自分がやることは、すべてうまくいかないに違いないと思ったのです。成功のイメージがまったく湧きませんでした。もはや失敗のイメージしか湧いてきません。

やる気もモチベーションも失っていました。いったい何をどう進めていけばいいのか、まったくわからなくなりました。本で読んだ経営と現実の経営とは、雲泥の差があったのです。

「資金も、実績も、経験も、何もない自分は、もう何もできないのではないか？」

そういう気持ちになりかけた時、坂本龍馬のことが思い浮かびました。私は坂本龍馬が大好きで、司馬遼太郎の『竜馬がゆく』（文藝春秋）は何度も読み返していました。

龍馬は、土佐藩を脱藩した浪士です。土佐藩にとっては罪人です。そんな地位も、権力も、資金もない人間が、どうしてあれだけのことを成し遂げられたのでしょうか。どうして多くの権力者を巻き込んで日本を変革することができたのでしょうか。それが不思議でたまりませんでした。

私は、不可能を可能にし、夢を実現した人たちに、強い関心を抱くようになっていきました。「どうしたらそんなことができるようになるのか」。その答えが知りたくて、たくさんの本を読みました。やがて、読むだけではなく、実際に、そういう人たちに会いたいと思うようになりました。

最初は、たまたま友人のお父さまでした。新聞にも掲載されたことのある素晴らしい人物です。いろいろな話を伺いました。その人の考え方は、自分とはまったく違うものでした。


「すごいなあ…」

「人と会うって、こんなにも勉強になるんだ」


私にとって、この出会いは、最高の学びの機会となりました。この体験を契機に、私は人に会い続けました。毎日のように手紙を書いたり、人に紹介を頼んだり、自分から会いに行ったりしました。不可能を可能にし、夢を実現するためには、どうしたらいいのか、その方法を身に付けたかったのです。

最初の1年目は、180人ぐらいの人にお会いしました。次第にわかってきたことがありました。それは、夢を実現してきた人の考え方と、私の考え方がまったく異なっていることです。

　ある人からこんなことを言われました。

「福島君、四つの事業に失敗したって言ったけど、そもそも失敗の定義は何だい？」

　私は答えました。

「失敗というのは、あらかじめ立てた目標に対して、どんなに努力しても、ありとあらゆることをしても達成できなかったことです」

　その人は、大変びっくりした顔をして、「福島君、あなたは何もできない人だよ。もう失敗しかしないよ」と言いました。私は、どうしてそのようなことをいきなり言われなきゃいけないのかわからず、言い返しました。

「どんなに努力したって、世の中には、うまくいかないことってあるじゃないですか」

　その人は、もっとびっくりした顔で言いました。

「やばいよ、福島君。君、誰かに洗脳されているんじゃないの？」

「えっ？　どういうことですか。だって、どんなに努力したって、世の中にはうまくいかないことってあるじゃないですか」

「ないよ。福島君が諦める以外に失敗ってあるかい？　ないよね。君が勝手にやめただけじゃないの。それなのに、どうして偉そうに失敗したって言うの？　君が諦める以外に失敗ってないでしょ」

本当にびっくりしました。今まで、失敗というものは、どんなにがんばってもうまくいかないことだと思っていました。しかしその人は、失敗とは私が諦めたことだと言ったのです。その人は、続けて言いました。

「君が諦めなければ失敗なんてないよ。成功しかない。福島君は、始める前から諦めるところを決めていたんだよ。君は、営業に行って断られたと言ったけど、営業に行った会社の全社員の名刺を見せてごらんよ。まさか1人や2人に会って諦めたんじゃないだろうね。君の話を聞いてくれない人がいるって？　じゃあ何回会いに行ったんだい？　千回ぐらいは会いに行ったかい？　まさか5回や10回じゃないよね」

仰天しました。そんなに努力しなければいけないなんて考えもしませんでした。私は、1人か2人にお会いして、わかってもらえなければ「この会社はもうダメだ」と諦めていたのです。

同じ人を3回以上訪ねたこともありませんでした。ちょっと話をして、わかってくれないようだったら「この人は、わからず屋だ。この人はわかってくれない人なんだ」と考えて、諦めていました。その人は言いました。

「千回言ってわかってくれない人はいないよ。3回でわかってくれる人なんていないよ」

その人はさらに言いました。

「ありとあらゆることなんて、やれるわけがないんだよ。だって、それを全部やる前に成功してしまうから。だから人間は何だってできちゃうんだよ。福島君が諦めただけじゃないのかい」

その人の考え方は、何もかも、私とは違っていました。そこから私は人と会うたびに、「違い」を聞き続けたのです。

世界一の技術者と自称する人ともお会いしました。この人にもびっくりしました。

ちょっと変わった人でした。それが雰囲気から伝わってきます。

「福島君、失敗ばかりだって？　楽しいだろう」

「えっ、何で失敗が楽しいんですか」

「だって君、失敗からは学ぶことや、気付くことしかないじゃないか。こんなにうまくいかないってことは、こういうことがわかった、ああいうことがわかった、直接的原因、間接的原因、根本的原因、とにかくどうしてそれがうまくいかないのかが、いくらでも見つかるだろう。一つの失敗から１００のノウハウが見つけられるんだよ。どうだい？　ワクワクするじゃないか。早く次の挑戦がしたくなるじゃないか」

私は、そんな考え方をしたことがありませんでした。納得できないので聞いてみました。

「でも、ずーっと失敗が続いたらどうするんですか」

その人は、うれしそうに言いました。

「ずーっと失敗が続いたら、こんなにうまくいかないということは、誰もついてこられないってことだから、できたらすごいことになるって思って興奮する！」

ますます違和感を覚えたので、さらに聞いてみました。

「ずーーーっと、失敗が続いたらどうするんですか」

そうしたら、その人は、もっともっとうれしそうな顔をして答えました。

「世界一だ！」

その人は自分の世界にいってしまいました。会話になりませんでした。私とは、まったく考え方が違うのです。

この人たちと勝負したら、私は勝てないと思いました。私は、失敗が続くほど、元気がなくなって、やる気も失って、もうダメだと思うのに、その人たちは、失敗が続くほど元気が出て、やる気になっていくのです。これは大変な差です。私は、今まで、失敗をすべて「あだ」にしていました。その人たちは、失敗をすべて「糧」にしていました。失敗するたびに、それが糧になり、ノウハウになり、やる気になっていくのです。どちらが成功する考え方なのかは一目瞭然です。自分も同じように考えれば、うまくいくことをその人たちから学びました。

事業をするうえで、条件はみんな同じだったのです。世の中には、失敗しない人なんていないし、経営資源を最初から全部持っている人もいません。失敗しても、それを糧にして、次に生かせばいいのです。うまくいかなければ、うまくいくまで努力すればいいのです。諦めなければ、常に成功しかないのです。

私は、自分の考え方を全部変えなければダメだと思いました。自分に何が足りないのか、それを真剣に考えるようになりました。後にそれを体系化して、「起業家精神」と名付けました。

3　三つのポリシー

私に足りないものは何か。最初に思い当たったのは「ポリシー」でした。

これまで、私は、周りの出来事や環境に振り回されすぎて、悩み、前に進めなくなることがよくありました。なぜかというと、自分の中に軸となるポリシーがなかったからです。

ポリシーとは、自分が大切にしたい生き方や価値観や信条です。いろいろな人たちにお会いして、お話を伺っていくうちに、「そうか、自分に足りなかったことはこれなんだ。これを大切にしなければいけないんだ！」と気付いたことが三つありました。私は、それを自分のポリシーにしました。

一つ目は、「一度やると決めたことは、何があっても一生やめない」ことです。

では、何をやるのか。それまでの私は、「できるか、できないか」で、やることを選んでいました。できそうなことだけをやって、できそうもないことはやらないようにしていたのです。

しかし、「できる」と思って選んだことでも、想定外の出来事や問題は必ず発生します。困難な状況に陥るたびに、「できる」ことは「できない」ことに変わってしまいました。私は、「できる」ことしか、しようとしなかったので、「できる」ことが「できない」に変わった途端にやめてしまいました。

私は、この考え方を根本的に改めて、自分にとって「やりたいか、やりたくないか」という基準で、やることを選ぶようにしました。たとえそれが、どんなに困難なことで、できそうにないと思えることでも、「やりたいか、やりたくないか」だけで選ぶことにしたのです。

やることを選ぶ時に、どういう壁が立ちはだかっているのか、どうやって突破していったらいいのか、あれやこれや考えることはやめにしました。そんなことは、後から考えればいいことだからです。

大事なことは、「やりたいか、やりたくないか」だけで選び、一度やると決めたことは、何があっても、決して諦めずにやり通すことです。これを最初のポリシーにしました。

「成功するか、しないか」は選べませんが、「やめるか、やめないか」は選ぶことができます。そして、やめないと決めれば成功しかないのです。

二つ目は、「失敗を糧にして、学び、次に生かす」ことです。

未熟者の私は、何をやってもうまくいきませんでした。予定どおりに物事が進むこともありません。

しかし、どうせ失敗するのだったら、その失敗を糧にして、そこから学んで、気付きを得て、未来の成功につながるノウハウにしようと決めたのです。

三つ目は、「一人でも始める。一人でやり抜く覚悟を持つ」ことです。

事業を始める時は、「みんなわかってくれるだろうか」「協力してくれるだろうか」と、誰しも何かしらの不安を抱きます。しかし、周りを気にすると、それに振り回され、結局前に進めなくなってしまいます。

このため、「一人でも始める。一人でやり抜く覚悟を持つ」ことがとても重要となるのです。この覚悟が、諦めないことにつながります。一人でも諦めず、たとえ失敗しても、それを糧にして挑戦し続けていく。これを三つ目のポリシーにしました。

知識も経験も人脈もない私は、この三つのポリシーを基に行動することにしました。すると、間もなくすごいことが起こりました。

事業の企画書を書こうと思ったのですが、どう書いたらいいのかわかりませんでした。とにかく、1枚の紙に思い付きのアイデアを書き、それをある人に見せました。するとその人は、「福島君、なんだこの思い付きのアイデアは？　こんなもの、うまくいくわけがないだろ。君はこういうことをやっていない、ああいうこともやっていない。何もわかっていないじゃないか」とあきれた顔で言いました。

以前の私だったら、「なんでそんなことを言うんだろう。どうしてそんなに批判するんだろう。あーあ、やる気なくなっちゃうなあ」と思ったことでしょう。

しかし、「決して諦めない。すべてから学び、成長するんだ」と決めると、不思議なことに、批判的な人の話がまったく違って聞こえてきたのです。人から言われることはすべて、糧にすればいいだけだったのです。

「こういうことをやっていない、ああいうこともやっていない」という批判は、「なるほどそうか。そこが足りなかったのか。それをやればいいのか」という気付きになり、成長の糧になりました。もう、人から言われることは、すべてアドバイスにしか聞こえなくなりました。

「ありがとうございます！　では、それをやってみます」

私の口から、突然、感謝の言葉が出るようになりました。自分でもびっくりしました。自分の考え方を変えただけなのですが、たとえ批判的なことを言われても、笑顔で「ありがとうございます」と感謝できる自分になったのです。感謝はすごい武器になりました。感謝は敵をつくらず、感謝は人間関係をどんどん良くしてくれるからです。

さて、企画書を書き直したら、3枚になりました。それを別の人に見せたら、その人も「福島君、君ねえ、こういうことをやっていない、ああいうこともやっていない。何もわかっていないじゃないか」と言ってくれました。私はうれしくなりました。

「なるほど、それをやればいいんですね」

私は感謝して、また企画書を書き直しました。すると今度は企画書が5枚になりました。

これをなんと30人繰り返したのです。企画書はとうとう300ページになりました。すごいことが起こりました。300ページを超えると応援者が現れたのです。31人目の人が「協力しよう、応援しよう」と言ってくれました。

ここから、もっとすごいことが起こりました。

私は、企画書を見てもらった30人全員に応援してもらいたいと思っていましたので、企画書を書き直すたびに、過去に会ってくださった人に送り続けていました。1人目の人は、初めは1枚でしたが、2、3日後には3枚になり、その2、3日後には5枚になり、それが10枚、20枚、30枚、100枚、200枚、300枚。どんどん増えていきました。

そして、30回送った人から電話をかけてみました。すると、みんなが同じことを言ってくれたのです。

「福島君、まさか君がここまでやるとは思わなかった。何でも応援してあげるから、すぐに来なさい」

私はびっくりしました。みんな、私を待っていてくれたのです。それがわかりました。みんな、わざわざ私の前に問題点や足りないことを並べて、教えてくれていたのです。私はそれらを一つずつ解決していけばいいだけでした。自分で解決できなければ、いろいろな人に相談して解決すればいいのです。企画書には、解決したことがどんどん盛り込まれていきますから、おのずと厚くなっていきます。

みんな、初めて会った時は、「福島君はダメだ。どうせすぐに諦めるだろう」と思ったに違いありません。ところが、諦めず、どんどん課題を解決していく姿を見ているうちに、「福島君は、いったいどこまでやるつもりなんだろう?」と思ったことでしょう。

実は、ここにポイントがあったのです。それは、「相手の想像を超えた時、相手が変わる」ということです。諦めることなく挑戦し続け、相手が「まさかここまで」と言ってくれた時に、相手は変わるのです。

この瞬間、私の中にはすごい経営資源があることがわかりました。それは「努力」です。「努力」という無限の経営資源を使えばいいのです。相手の想像を超える努力をすれば、批判的だった人でさえ、逆に支援者になってくれるのです。

私は、経営資源を何も持っていないと思っていました。しかし、実はいっぱい持っていたことに気が付かないだけだったのです。諦めないとか、感謝とか、努力とか、これらはすべて経営資源だったのです。それらは、もともと私の中に無限にあったものです。無限にある経営資源に気付いた時、「これからは何だってできるんじゃないか」と思うようになりました。

4　世界中の起業家との出会い

たくさんの人との出会いは、「なるほどそうか。そこが足りなかったのか。それをやればいいのか」という気付きになり、糧になりました。

次第に、私は世界中の経営者や起業家と会いたいという思いが募っていきました。

「世界中にどんな起業家がいて、どうしてその人たちは成功したのだろうか」

ところが、当時、大きな制約が三つありました。一つは、お金の問題です。私は毎月、1週間から10日間ぐらいは、現地に滞在して、起業家と会いたかったのですが、当時、格安チケットなどなかった時代です。ニューヨークに1週間ぐらい行けば、旅費だけで35万円ぐらいかかりました。

もう一つは、会社の売り上げの問題です。当時、小さな会社を数人で経営していました。

少ない人的資源ですから、私が会社を留守にすれば、それだけ売り上げは落ちてしまいます。

最後に、最大の問題がありました。世界中の起業家に会いに行きたくても、会ってくれないことです。当時は、まだインターネットがありませんでした。人から連絡先を聞いて、ファックスなどで連絡してみるのですが、返信がこないばかりか、届いているのかすら、わかりませんでした。

「どうやったら世界で活躍している人たちに会えるのだろうか？」

今までにない何かをする以外、道はないと考えました。いろいろ考えているうちに、自分なりに「これなら」と思える、すごいアイデアが浮かびました。それは何かというと、全世界の成功者を紹介する月刊誌を発行することでした。ただし、発行は出版社にしてもらい、私は月刊誌の企画から取材・撮影・執筆までを請け負う形にしました。こうすれば、旅費や取材費を出版社に負担してもらって、私は会いたい人に会いに行けるのです。

この企画を数社にプレゼンテーションしたところ、ある出版社から「よし一緒にやろう」と言っていただけました。こうして、私は世界に行くことができるようになったのです。

創刊号では、1980年代にアメリカでベンチャー企業を立ち上げて活躍していた人たちを取材しました。すごく面白い人たちにたくさん出会いました。今のデル（Dell inc.）の創業者、マイケル・デルさんにもお会いできました。私は、そういう人たちの話を聞いて、その活動内容を月刊誌にまとめました。

ところが、月刊誌は、創刊号が出ただけで廃刊となりました。当時、日本はバブル経済の中にありました。『ジャパン・アズ・ナンバーワン』（エズラ・F・ヴォーゲル著・阪急コミュニケーションズ）という本が売れるぐらい、日本の経済力は、世界的に認められていました。私がニューヨークで取材していた時も、「この高層ビル街の半分ぐらいは日本人、ないしは日本の企業の所有なんだよ」と冗談半分に言われたぐらい、日本経済の勢いは尋常ではありませんでした。

当時の日本は、ある意味、誰もが成功者でした。どこかに就職しさえすれば、会社は成長し、人生は安泰でした。わざわざリスクをとって起業家になる必要はなかったのです。私が会社をつくった時も、みんなから「どうして起業なんかするんだ」と言われました。

起業が「脱サラ」と呼ばれていた時代です。アントレプレナー（起業家）の本なんて、そういう時代には必要なかったのです。

「どうしてうまくいかなかったのか」。私は、うまくいかなかった理由を自分なりに一生懸命に考えてみました。すると「そうか！」とわかったのです。

「うまくいかなかったのは、ほかにもっといい方法があったからじゃないのか」

失敗は成功の糧です。前向きに、前向きに考えるようにしました。すると、今度は「これこそすごい」と思えるアイデアが浮かびました。それは、旅行会社に「全世界の成功者に会いに行くツアー」を主催してもらうというアイデアです。私が会いたい人に会いに行けるツアーです。私が企画を立て、相手にアポイントを入れて調整し、コーディネーターとして同行します。バブル経済でしたから、最少催行人数の50人は難なくクリアできました。

この企画の最大の利点は、会いたい人にすべてアポイントを入れられたことです。バブル経済の日本から、50人もの人間がわざわざ自分の話を聞きに来てくれるということが、取材を受ける側のインセンティブになったのです。私は、その時に知りました。営業はテクニックよりも人数が肝心だったのです。50人で行けば、会ってもらえる確率は変わるのです。

この企画には、もう一つ大きな利点がありました。それは、50人もの仲間が同時にできることです。これはすごい企画だと思いました。そして、わかったことがありました。

「知恵とアイデアは無限に出る」

やり方は100万通りあるのです。私は、制約条件がどうの、壁がどうのと、つい考えてしまいましたが、今までと同じやり方でやろうとするから制約条件が生じたのです。制約条件は、「今までのやり方は通用しませんよ、新しいやり方を見つけてください。それは飛躍するチャンスですよ。成長するチャンスですよ」ということを私に教えてくれていたのです。つまり制約条件とは、誰もが思い付かないやり方を見つける「成長条件」であり、「成功条件」だったのです。

「たとえ、ほかの人が諦めたとしても、今までにないやり方を見つけていけばいいんだ。自分らしいやり方で、自分らしくやっていけばいいんだ。知恵とアイデアは無限にあるんだ」

このことがわかったことで、うまくいかない時こそ、「自分が変わり、自分が成長できる最高の機会」だと思えるようになりました。そして、実際、そのようになっていきました。

アメリカでは、びっくりするような起業家とも会うことができました。彼は、私より一つ年下でしたが、大きなホテルを4日間借り切って、世界中の起業家が集う世界大会を開催していました。私は、そのような大会があることすら知りませんでした。

イベントには、約二千人の起業家が集まり、30以上のセッションが開かれ、議論が繰り広げられていました。アメリカを代表する企業のトップや政治家、なんと大統領までもがメッセージを寄せていました。

私は、その後、毎年その世界大会に参加するようになるのですが、「いつか、このような世界大会を日本でも開きたい」と心の中で思っていました。すると、たまたま通商産業省（現経済産業省）や中小企業庁の人たちとの出会いがあり、なんと渡米から6年後、私の夢は「国際青年起業家総会」という名前で実現したのです。私は、企画委員長を務めました。アメリカにおける世界大会の代表者も招聘《しょうへい》して、世界中の起業家が集う国際ネットワーキングのイベントを3日間開催しました。その時にも実感したのです。

「本当に、どんなことだってやればできるんだ。夢は実現するんだ。やり方は、考えればいくらでも見つかるんだ」

5　真経営用語辞典の誕生

「考え方を変えるだけで、すべての結果は変えられる」

やがて、私が経験してきたことは、このひと言に集約されるように思えてきました。「これまで、物事がうまくいかない考え方をしていたから、うまくいかなかっただけで、うまくいく考え方をすれば、うまくいくのではないか」と思うようになったのです。

「それなら、最高の結果しか出ないように、考えればいいだけなのではないか」

そう思った私は、この考え方をまとめてみようと思いました。例えば、何か問題が起きた時に、それをチャンスと捉えるかピンチと捉えるかで、まったく次の行動と結果が異なります。言い換えれば、「考え方を変えることで、結果を変えられる」のです。「どういう環境なのか」「どういう問題が起きたのか」は、大した問題ではありません。それらの条件を自分がどう受け止め、どう考え、どう行動するのかが大事で、それによって結果は自由に変えられるのです。

私は、ノートの表紙に「新経営用語辞典」と書き、最高の結果しか出ないようにした辞書を書き始めました。そこでは、経営学で一般的に使われているすべての言葉を解釈し直しました。

私は、いつの間にか頭の中に、物事がうまくいかないように考えてしまう辞書をつくっていたようです。最高の結果しか出ないような考え方にリセットするためには、新しい辞書をつくる必要がありました。その中で一つひとつ定義していこうと考えたのです。

しかし、作業はすんなりとはいきません。いろいろな壁にぶつかり続けました。言葉の整合性がとれなくなったり、この言葉をどう解釈したらいいのかわからなくなったりしたこともありました。それでも30年間、修正に修正を続け、ようやく「真経営用語辞典」として、まとめることができました。

当初、新しいということで「新経営用語辞典」と呼んでいましたが、最終的には真実の「真」から「真経営用語辞典」としました。

この辞書は、一般的なものとはまったく異なり、私の独自解釈によってつくられたものです。先ほどの例で言うと、「真経営用語辞典」で「ピンチ」と調べると、「チャンス」と書いてあります。このように、一般的な言葉の意味ではなく、「こう考えればいいのではないか」という解釈をまとめた辞書です。

それとともに、辞書の言葉を体系化して1冊の本もつくりました。『起業家精神―不可能を可能にするバイブル』（ダイヤモンド社）です。たくさんの人に、こういう考え方を紹介し、自分自身も実践してきましたが、本当に結果が変わることを身をもって実感しました。

極端な言い方をすると、私はやりたいと思ったことをすべて成功させてきました。どうしてかというと、そもそも世の中には失敗などないからです。私の辞書で「失敗」という言葉を調べると、「あきらめない限り人生に失敗はない」と書いてあります。

例えば、うまくいかないことがあったとします。しかし、そこから学んで、気付いていけば、「次はこうしよう」という知恵とアイデアが無限に湧いてきます。ワクワクして、早く次の挑戦をしたくなります。この「次はこうしよう」と考える過程こそが、人を成長させてくれるのです。

そう考えると、世の中には「成功と失敗」があるのではなく、「成功と成長」しかないのではないかと思えてきました。目の前で起きた失敗は、実は、大切な成長の糧でしかなかったのです。「自分自身が諦めてしまった時、それが本当の失敗」になるのです。「諦めなければ、まさに成功しかない人生になっていく」

ただし、いつ成功するのかは、わかりません。でも、成功するまでの道のりが長ければ長いほど、うまくいかなければうまくいかないほど、人間として成長できます。

人生は、「気付き」と「学び」が最も楽しく、そういった過程に「充実感」という素晴らしいご褒美があります。「充実感にあふれた人生こそ、楽しい人生と言えるのではないか」そういうふうに思えるようになりました。失敗はイヤなものだと思っていましたが、失敗こそ人間が人間らしく生きていくために、必要なことなのかもしれません。

新しいことへの挑戦には、往々にして失敗がつきものです。そうだとしたら、そこに意味を見いだして、前向きに捉えていけばいいのではないでしょうか。

こういうことを考えて辞書をつくっていったら、とても変な辞書ができました。読んでいるだけでやる気になる辞書です。読んでいるだけで前向きになる辞書、興奮する辞書、そういう辞書ができたのです。

6　最幸の結果が出るようにしか考えない

どのように考えたら、最高の結果が出るようになるのかについて、いくつか事例をあげてお話しします。

まず、「売り上げ」とは何でしょうか。ここに二つの会社があります。あなたがお客さまだとしたら、どちらの会社の商品を買いたいと思いますか。

一つ目の会社は、「私たちは、自分の会社の売り上げと利益のことしか考えていません。ぜひ買ってください」という会社です。

二つ目の会社は、「私たちは、お客さまが笑顔になって、お客さまが幸せになるためにこの会社を経営しています」という会社です。

どちらの会社の商品を買いたいと思いましたか。おそらく、二つ目の「お客さまが幸せになる会社」の商品やサービスを買いたいと思ったのではないでしょうか。

会社の売り上げは、お客さまがあげてくださいます。会社にできることは、お客さまに喜んでいただける、お客さまが幸せになれる、お客さまが笑顔になれる、そうした商品やサービスを提供することだけです。

つまり、「売り上げとは、お客さまが自分たちの商品やサービスを選んでくださった結果であり、お客さまから自分たちへの感謝である」という捉え方ができます。極端な言い方をすれば、売り上げをあげたければ、どれだけお客さまを笑顔にできるか、どれだけお客さまを幸せにできるか、それだけを考えればいいということになります。このことから、「真経営用語辞典」では、売り上げを「社会への貢献度が数字化されたもの」と考えています。

次は、「働く」意義について考えてみましょう。次の二つの会社のうち、あなたはどちらの会社で働きたいと思いますか。

一つ目の会社は、みんなが生活のために仕方なく働いている会社です。

二つ目の会社は、みんなが社会に貢献して、世の中の人たちを笑顔にしたり、幸せにしたりして、それを楽しみにしている会社です。

多くの人は、人や社会の役に立ち、人や社会を笑顔にできる会社、働くことに意義があり、やりがいがある会社で働きたいと思うのではないでしょうか。その会社とは、社会や世の中の役に立ち、貢献することを企業理念にしている会社です。人々を幸せにしたり笑顔にしたりすることを企業理念にしている会社です。

私たちは、会社という「場」を通して社会に貢献しています。私たちは、働くことで成長し、社会から必要とされる存在になっていきます。「会社」は、自分たちの社会的存在価値を生み出す手段であり、「職場」は、自分たちの存在価値を実感できる場所といえます。

働くことは、「生活の糧を得る重要な手段」ですが、それだけではなく、一人ひとりが持っている能力や可能性などを生かし、企業理念を現実化することで、「社会的存在価値を生み出す手段」でもあるのです。ですから会社で働く人が、輝き、最高の結果を出すためには、「何のために働くのか」という企業理念が大変重要になります。

このことから、私は、会社で働くことを「企業の理念を現実化することである」と捉え、企業理念に共感した人たちが集まって、みんなで力を合わせ、企業理念を実現させていくことを事業と考えています。

こう捉えてみると、会社で働くことは、決して苦しいこと、つらいことではなく、自分たちの生きている意味とか存在価値を実感できる素晴らしいことだと言えます。

このように、私は、経営学で使われている一つひとつの言葉を「こう考えれば最高の結果が出る」というものに捉え直しています。

ここでいう最高の結果とは、単なる数字だけの問題ではありません。働いている人も、世の中もみんなが〝最幸〟になることを意味しています。このことから、私は最高の「高」の字を「幸」と書くこともあります。

7　人間学としての経営学

私がたどり着いた、一つの大きな結論についてお話しします。それは、「人が幸せになる経営学」です。人が幸せになっていけば、どんな事業も必ずうまくいきます。

いままでの経営学は、経営の目的を「利益を生み出し、成長すること」にしていました。具体的な目標も「今月は、いくら売り上げをあげて、利益はいくら確保しなければいけない」というように、わかりやすいものでした。

しかし、売り上げと利益だけを求められた働く人たちの気持ちを考えてみると、果たして幸せといえるでしょうか。また、そうした会社の商品やサービスを利用するお客さまは、感謝してくださるでしょうか。

実は、事業というものは、「働く人」や「お客さま」など、その事業にかかわるすべての人たちが幸せにならないと成り立たないものなのです。社員に強制して無理やり売り上げをあげさせようとしたり、うまくいくといわれる手法に頼って売り上げをあげようとしたりしても、決してうまくいきません。なぜなら、どちらも「こうすれば確実に売り上げをあげられる」という正解がないからです。昨日までうまくいったやりかたが、今日以降も通用するとは限らないのです。

「どうしたら売り上げをあげて、利益を確保できるのか」。そればかりを追い求めていくと、正解がないことから、いつまでも悩み続けることになります。これは、つらい経営学です。「今月はがんばった」「来月はもっとがんばる」「来年はもっともっとがんばる」というように、無限にがんばらなければいけない、つらい経営学です。

このままでは、事業は「売り上げと利益をあげるために仕方なくがんばらなければならないもの」になってしまいます。

しかし、経営の目的を「人が幸せになること」と位置づければ、自然と「働く人」が幸せになったり、「お客さま」が幸せになったりしていきます。そして、それこそが正解であると捉えることができれば、売り上げ、規模、成長などに振り回されなくなります。

もちろん、事業は、利益や効率を考えなければ成り立ちません。しかし、利益や効率を目的にして経営分析しても、残念ながら利益は生まれません。売り上げや利益は、「働く人」「かかわる人」「お客さま」など、みんなが幸せになることで、結果的に生み出されていくものだからです。

「人が幸せになる経営学」では、人が幸せになることを目的にして、そのうえで、どう効率化を図って利益を出していくのかを考えています。

人間学として経営学を捉えると、うまくいかないことや困ったことがあっても、それらは「人を成長させる意味のあるもの」と考えることができます。「知恵やアイデアを出して、今までにない手法を生み出し、自分たちらしく社会や世の中に貢献していこう」と考えられるようになります。うまくいかないことや正解がないことは苦痛ではなくなります。自分たちで考えて、正解をつくりだせばいいのです。自分たちらしく、世の中の役に立つように、企業理念を現実化していけばいいのです。

知恵とアイデアは100万通りあります。その100万通りの知恵とアイデアを使って、自分たちらしく人を幸せにしていけば、結果的に、売り上げはあがり、利益も出せる会社になります。

人が幸せになっていけば、どんな事業も必ずうまくいきます。どんな仕事をしていたとしても、そこで働く人、そこにかかわる人みんなが幸せになれば、どんな仕事も楽しくなるし、どんな仕事も世の中にとって、意味のある大切なものになります。結果、みんなが幸せになっていきます。

私は、そう思うようになりました。

8 企業

「企業っていったい何だろう」。このことは、私にとって答えを出さなければならない大きな課題でした。

学生時代、私は、会社で働くことの意義を見いだせないまま、周りに流されるように就職活動をして、ある会社に就職しました。しかし、もともと会社で働くことに疑問を抱いていた私は、入社して半日で限界に達し、その会社を辞めてしまいました。そのこともあって、「企業とは何なのか」をずっと考えてきました。

不思議なことに、よく考えてみると「企業」はどこにも存在していないことに気が付きました。「職場が企業じゃないか」と思われるかもしれませんが、職場は企業ではありません。職場は、人が働く場所にすぎないのです。

実は、企業とは目に見えない存在です。それは、人の意識や心の中にしか存在しません。

極端に言えば、企業とは「社員の思い」そのものと言えます。働く社員たちが、どのような思いでそこに集まり、どのような思いで働き、どのように行動して、どのような言葉を交わし、どのようなものを創造していくのか。それが企業です。

そして、社員の思いや言動の基準となるのが企業理念です。企業理念に共感した人たちが集まって、企業理念に基づいて考え、行動する、これこそが「企業」です。

企業理念とは、事業を通して、人や社会に貢献することであり、人や社会を幸せにしていくことです。社員にとっての「幸せ」とは、働くことで得られる「充実感」や「感動」や「成長」です。企業は、それらが得られる「場」なのです。企業理念を現実化するために、みんなで力を合わせ、困難や問題を乗り越え、いろいろなことに気付き、学び、成長する場です。

そもそも、企業とは、人が人を幸せにするために生み出したものです。つまり、提供する商品やサービスを通して、「そこで働く人」「かかわる人」「お客さま」など、たくさんの人が一緒に幸せになっていく、それが企業です。

ということは、「企業は、企業そのものが成長するよりも、そこにいる人たちがどれだけ幸せになっていけるかが重要なのではないか」、そう思うようになりました。

9 最高の商品

企業における最高の商品とは何でしょうか。

コンピューターが企業に導入され始めたころ、こんな話がありました。ある大手銀行が、コンピューターを導入して、これまで手作業でしていた仕事を効率よく確実にしようとしました。当時のことですから、大規模なコンピュータールームと呼ばれる施設が必要です。それを2年ぐらいかけて造り、テストマーケティングを行い、試行錯誤を繰り返し、ようやく準備が整って、いよいよ明日から本格稼働というところまでこぎつけました。

ところが、前日の夕方、突然ホストコンピューターが動かなくなりました。これは大問題です。数時間後には、全国で発生する事務処理がコンピューターに基づいたものに移管されることになっていたからです。このままでは現場が大混乱に陥ってしまいます。

連絡を受けたコンピューター会社の技術者たちは、あわてて駆けつけました。銀行のトップは、彼らに向かって「絶対に明日までに直してほしい」と厳命しました。ここから夜を徹しての復旧作業が始まります。

朝が来ました。懸命な復旧作業にもかかわらず、コンピューターはピクリとも動きません。それを見て、銀行のトップは言いました。

「やはりな。そもそもコンピューターなんかに頼ったのがいけなかったんだ。機械というものは、どうしたっていつかは壊れる。壊れるかもしれないものに大切なお金の管理を任せようとしたこと自体が間違っていたんだ。今まさに、危惧していたことが現実になってしまった。冗談じゃない！　二度とコンピューターなんか導入するもんか。こんなことなら手作業のままのほうがよかった。これは損害賠償問題だ。もう帰ってくれ」

こうして、コンピューターの技術者たちは、無理やり追い返されることとなりました。ところが、一人の若い技術者だけは、絶対に帰ろうとしませんでした。「こんなに迷惑をかけられた以上、コンピューターの導入なんか絶対しない。だから、修理なんかしてもムダだ。とにかく帰ってくれ」。ここまで言われても、その技術者は帰ろうとしません。かたくなに修理を続けようとしました。
すでに、銀行はパニック状態に陥っていました。彼なんかにかかわっている暇はありません。若い技術者は放っておかれました。

その日の夕方、銀行のトップがコンピュータールームの脇を通りかかった時のことです。誰かが叫んでいる声が聞こえました。「いったい何だろう」と思って、その叫んでいるほうに目を向けると、その声はコンピュータールームの中から聞こえていました。なんと、あの若い技術者が、コンピューターを両手で抱きかかえ、泣き叫んでいたのです。

「動いてくれーーー！」

銀行のトップは、その姿を見て思いました。
「あいつは頭がおかしい。泣き叫んだらコンピューターは動くというのか。そんなわけがない。何すっとぼけたことをやっているんだ。そんなことをしたってムダなだけだ！」

深夜になりました。できることをすべてやり尽くしたトップが帰ろうとした時のことです。トップは、ふと、泣き叫んでいた彼のことを思い出しました。何をしているのか気になって、コンピュータールームに行ってみました。

しかし、見回しても彼の姿は見えません。「もう帰ったのかな」と思い、帰りかけた時、かすかな声が聞こえてきました。

「…動いてくれ」

ハッとして、声のする場所に駆け寄ってみると、あの若者が、崩れ落ちるように床に倒れながら、コンピューターに手をかけて、消え入りそうな声で「動いてくれ」と言い続けているではありませんか。トップはその姿を見てしまいました。

後日、今回のトラブルに関して、両者のトップによる協議が行われました。その時の会話です。

「今後とも一緒に力を合わせて、コンピューターを導入するために、全力で取り組んでほしい」

「えっ？　でも、これだけご迷惑をお掛けしたのに、どうしてそこまで言ってくださるのですか？」

「私は見てしまったんですよ。御社の社員が、決して諦めずにコンピューターを直そうとして、でも、それでも直らないとなると、なんとコンピューターを抱きしめ、『動いてくれ！』と一日中、泣き叫び続けていたその姿を見てしまったんです。私はとても感動しました。あらためて考えてみると、私はそこまでやっていただろうか。たぶん、どこかで諦めていたように思います。でも、御社の社員は、決して諦めなかった。これこそ、仕事に取り組むうえで、最も大切なことです。今回、私は、御社の最高の商品を見せてもらいました。それは社員の働く姿です。だから、ぜひ一緒に力を合わせて、この仕事を成功させたいんです。私たちが仕事をする姿もぜひ見てもらいたいんです」

この銀行は、苦労しながらも、見事にコンピューターの導入に成功しました。

企業における最高の商品とは何でしょうか。それは社員が働く姿だと思います。社員たちの姿は、商品やサービスを通して、お客さまに伝わります。

10 権限

「権限」について考えてみたいと思います。

時代劇「水戸黄門」では、葵《あおい》の御紋の印籠を掲げた瞬間、その場の者どもは「ははーー、恐れ入りました」と、一斉にひれ伏します。

よく「権限さえあれば〜」「権限がないから〜」という話を聞くことがありますが、ビジネスにおいて「権限」は、しばしば黄門さまの印籠のように使われることがあります。果たしてそうなのでしょうか。そもそも権限とは何なのでしょうか。

私が体験した出来事をお話しします。ある日、私の会社の社員から「企画案があるので見てほしい」と言われました。内容を読むと、その企画を実行するためには、１００万円ほどの資金が必要でした。彼は「ぜひ、やらせてほしい」と、熱心に説明しましたが、当時、会社は事務所の移転をひかえており、ほかにも経費のかかることがいくつもありました。私は、彼に理由を話して、「いま、新しいことにお金を投入するのは、ちょっと難しい」と答えました。

それから2週間ぐらいしたころ、彼が「もう一度、企画書を見てほしい」と言ってきました。見ると、今度は何段階かのステップに分かれていました。

「最初の投資は、10万円でもかまいません。その10万円を使って、ここまでのことをやります。次に、その成果物を持ってお客さまを回り、次の仕事の注文をもらいます。注文がもらえたら、それに必要な投資をします。このように、確実にうまくいく投資をしていきますので、ぜひやらせてください。最初は10万円だけでいいんです。次のステップに行くかどうかは、その結果を見て判断してください」

彼は、このように言いました。しかし、当時、私の会社にはその10万円すら投資する余裕はありませんでした。私は、事情を詳しく話しました。彼は諦めました。そう思っていました。

ところが、また2週間ぐらいしたある日、なんと彼は、また、私に企画書を見せにきたのです。しかも企画書の内容はまったく同じものでした。ただし、大きく違う点がありました。すでにお客さまを見つけてきていたのです。彼は営業職でしたが、自分で見込みがありそうだと思った企業を回っていました。この行動力には大変驚かされました。

しかも、「御社がこのプロジェクトを立ち上げるのなら、必要な費用の100万円は、うちが前払いしてもいい」という企業まで見つけてきていたのです。彼は言いました。

「このプロジェクトは、社長がOKさえ出せば、立ち上げに必要な費用もすぐに入ってきます。スタートしていいですか」

私は、本当にびっくりしました。そして、「そこまで準備ができているんだったら、やってみよう」と言いました。しかし、私が本当に驚いたのは、ここからです。彼は、私に意味不明なことを言い出しました。

「やっぱり社長は私の手のひらの上にいるんですね。すべての権限は、社長ではなく、実は私が持っているんですよ」

私は、彼が言っていることが、サッパリわかりませんでした。どういう意味なのか、聞いてみました。以下はその時の会話です。

「私はわかったんです。社長が『イエス』と言うまで努力し続けていれば、いつか社長は『イエス』と言うわけですよね。ということは、私さえがんばればいいということですよね。ということは、私が一生懸命に企画を練ったり、お金の工面をしたりすれば、社長の意思を私が決定できるということじゃないですか」

「ちょっと待ってくれ、でも最後の『イエス』という決断は私が決めているよね。それは、君のがんばりがあろうがなかろうが変わらない。『イエス』か『ノー』かは、結局、社長である私が決めているよね」

「確かに決断するのは社長ですが、社長が『イエス』と言うか言わないかは、結局、私の努力しだいなんですよ。私が努力しなければ『イエス』にならないし、努力をすれば『イエス』になりますよね。もっと言うなら、社長が『イエス』という時期も、私のがんばりしだいで変えることができるんです。結局、すべて私の努力しだいということです。極論を言うと、社長には何の権限もないんです。すべての権限は私が持っているんです。つまり私の努力が権限そのものなんですよ」

彼の話には本当に驚かされました。こんなことは考えてもみませんでした。これこそが、本当の権限であることを思い知らされました。

誰もが、権限を持っている人を動かす権限を持っています。自分の中にある「努力」という権限は、「いわゆる権限を持ったすべての人たちの心を動かし、その人たちの意思決定を変える力」を持っているように思います。この体験をきっかけに、私は、こう思うようになりました。

「すべての人は、『努力』という無限の権限を持っている」

11　一流の企業

一流企業とは何かについてお話しします。

私の知り合いが、以前、こんな体験をしました。彼はとても古い車に乗っていました。その古い車で、東京から少し離れた温泉に家族で旅行した時のことです。帰りの道を走っていると、ボンネットからモクモクと煙が出てきました。最近、そういう車をあまり見かけなくなりましたが、かつてはボンネットを開けて路肩に止まっている車をよく見かけたものです。

「オーバーヒートしたかもしれない」と考えた彼は、走りながら、道路沿いで修理してくれそうなところを探しました。しかし、休日ということもあって、なかなか見つかりませんでした。ようやく、ある車の販売店がありました。そこは、自分が乗っている車とは違うメーカーの販売店でしたが、なんとか助けてもらいたくて車を入れました。

しかし、出てきた人は、「申し訳ありませんが、うちにはその車の部品がないため、対処できません。この車の販売店に持って行ってもらうしかないですね」と言いました。彼は、仕方なく、しばらくエンジンを冷やした後、また走り出しました。ゆっくり走りましたが、しばらくすると、またボンネットから煙が出てきました。車は、オーバーヒート寸前でした。「もうこれ以上は走れない」と思った時、ある自動車販売店が目に入りました。そこも他社の販売店でしたが、もうどうしようもなくなって彼はそこに飛び込みました。

そこでの対応は、先ほどの販売店とはまるで違うものでした。車から煙が出ているのを見るやいなや、4人ほどの社員たちが作業中の手を止めて駆け寄ってきました。そして、心配そうな顔をしていた彼に向かって、「後は、私たちに任せてください」と言って、その車を整備工場の中に持っていってくれたのです。

営業マンは、「どうぞ、こちらでお休みください」と言いながら、彼らをショールームに案内してくれました。この後の営業マンの対応は非常に素晴らしいものでした。

「ご心配要りません。後はわれわれに任せてください。どちらまでお帰りですか」

「東京まで帰りたいんですが……」
「じゃあ、そこまでは安全に帰れるように応急処置をしておきます。ただし、あくまでも応急処置ですから、後日、きちんと修理してもらってください」

営業マンは、笑顔で話を聞いてくれて、コーヒーまで出してくれました。彼は、ホッと安堵《あんど》し、仮の修理ができあがるのを待ちました。

やがて修理が終わり、営業マンは笑顔で「取りあえず修理が済みました。後は気を付けてお帰りください」と言いました。彼は、「本当にありがとうございました。助かりました。それでお代はおいくらですか」と聞きました。しかし、その営業マンは思いもしなかったことを言いました。

「お代をいただくわけにはいきません。この程度のことで私たちはお金をいただくことはいたしません」
「なぜですか？　私は、このお店で車を買ったわけではないし、私の車はここで取り扱っているメーカーの車でもないんですよ。それなのに、どうしてそこまでサービスしてくれるんですか？」

「いいえ、あなたは私たちの大切なお客さまです。この敷地に入った以上、あなたは私たちにとって、最も大切なお客さまなんです。お車がどこのメーカーかは問題ではありません。私たちのお店に来てくださったのですから、それだけでも大変ありがたいのです」

彼は、この対応にとても感動したと言いました。そして、東京に帰った彼は、すぐにその販売店が扱っていたメーカーの車を購入したそうです。

私は、一流の企業とは、そこで働いている一人ひとりが、一流の意識を持っている企業のことを言うのではないかと思うのです。企業は一流だけど、社員は一流ではないということは絶対にありません。

企業とは社員の思いそのものです。その社員の思いの基準となるのが企業理念です。人や社会にどのように貢献するのか、社会における役割は何か、何のために仕事をして、どのような思いを持ってお客さまに接するのか、こうした企業理念を根幹にした社員たちの「意識」が一流なのが一流の企業だと思います。

もう一話、一流の企業とは何かを教えてくれた出来事をお話しします。これは私が体験した話です。母がまだ存命のころのことです。足を悪くして、なかなか外に出たがらない時期がありました。

なんとか外歩きをしてもらいたかった私は、母に「外に出掛けて写真でも撮ってみたらどう。気晴らしになるよ。近くの公園でもいいし、ただ道を歩くだけでもいろいろな発見があると思うよ」と言って、デジタルカメラをプレゼントしました。母は、「それじゃあ、たまには散歩にでも行こうかね」と言って喜んでくれました。

ところが、カメラを渡して数日後、母から電話がありました。「せっかくカメラをもらったのに、壊れちゃったみたいなの。どこをいじっても反応しなくなっちゃったのよ」。私は、「そんなことはないと思うよ。もしかしたら電池が切れちゃったんじゃないの」と答えました。そうは言ったものの、内心、母が間違って操作しているのだろうと思っていました。

ところが、私が実家に行ってカメラを操作しても動かないのです。電池を新品に交換しても、まったく動きません。「あれっ、本当に壊れているぞ。これはお店に持って行くしかないな」。私は、仕方なく、買ったお店にカメラを持って行きました。すると、信じられないことが起こりました。私が修理担当の人にカメラを渡した途端、動かなかったカメラが動いたのです。

「あれっ？　動きましたね。おかしいなあ、接触不良かなんかだったのかなあ。でも直っちゃったみたいだから、もういいです。ありがとうございました」

私はカメラを受け取ろうと手を差し出しました。しかし、その店員さんはカメラを返そうとはせず、こう言いました。


「このカメラは壊れています」

「いや、ちゃんと動いているみたいだから大丈夫ですよ」

「動くかどうかは、問題ではないんです。お客さまが壊れていると言った以上、このカメラは壊れているんです。だから、精密検査をさせてください」

「えっ、でも動いていますよね」

「いや、動いているという事実は関係ないんです。お客さまの言葉のほうが大切なんです。だから精密検査をさせてください」

「どうして、そこまで私の話を信じてくださるんですか？」

「不思議なことにカメラなどの機械は、それを直す人が触ると、なぜか動くことがあるんですよ。でもそれは一時的なものかもしれないんです。実は、以前、こんなことがありました。あるお客さまが、カメラを修理に持って来られたのですが、私どもが手にしてみると、問題なく動くのです。それを見たお客さまは、カメラを精密検査に出さずに、そのまま新婚旅行に持って行ってしまいました。しかし、いざ海外で写真を撮ろうとしたら、また動かなくなってしまい、結局、大切な新婚旅行の写真を1枚も撮れなかったんです。ですから、二度とこのようなことがないように、私どもでは一度でも動かなかったカメラは、壊れているものとみなし、きちんと整備をして、直して差し上げることにしているんです。それが私たちの仕事なのです。ですから、今動くか動かないかではなく、動かなかったことが一度でもあるというお客さまの言葉が大事なんです。変な話に聞こえるかもしれませんが、機械よりもお客さまを信じるのが私たちの仕事なんです」

その後、私は次のカメラもこのお店で購入しました。カメラはどこで購入しても同じです。違いは、どんな時もお客さまを優先する、その社員の姿勢だけです。

一流の企業の素晴らしさとは何か、それは、社員たちのお客さまに対する姿勢の素晴らしさだと思います。規模が大きいとか、利益が出ているとか、成長率が高いとか、そういうことも大事ですが、それ以上に、そこで働く人たちの意識や考え方が一流であることが大事です。

お客さまに対して、一流の意識を持って働こうとする人たちが集まっている会社、それが本当の「一流の企業」ではないでしょうか。

12
仕事

「仕事」とは何でしょうか。私はあえて「仕事」を「志事」と書くことがあります。なぜなら、仕事とは「どのような価値を社会に提供し、どのように人を幸せにしていくのか」という大きなテーマに対して、志を持って取り組んでいくことではないかと考えているからです。

これは、どんな小さな仕事にも通じることです。たとえコピーを1枚取るにしても、電話を1本取るにしても、人や社会に必ず影響を与えていると思います。私の知り合いの会社では、電話が鳴った瞬間に、受話器の向こう側にいらっしゃるお客さまに対して、手を合わせて「ありがとうございます」とお礼を言ってから、受話器を取っています。

「仕事とは何か」を物語るエピソードをお話しします。ある学校の授業でのこと。お父さんの仕事について、子どもたちに作文を書いてもらうことになりました。子どもたちが書いた作文の中に、ちょっと気になるものがありました。それは、「ボクのお父さんの仕事は、本当にかっこいいです。立派で、輝いていて、ボクもお父さんのような仕事をどうしてもしたいです」という作文でした。いったい、お父さんの仕事は、どのようなものなのか？

先生は、その作文を書いた子に「お父さんは何をしているの？」と聞きました。その子は「お父さんは、小さな工務店をやっています。ボクもお父さんみたいな仕事がしたいです」と答えました。

先生は、「そうなんだ、ところでお父さんのどういうところが、かっこいいと思ったの？　どんな時に輝いていたの？」と尋ねました。その子は胸を張って、「お父さんはね、いつもとっても楽しそうに仕事をするんだよ。キラキラしているんだ。だからボクも、同じことをしたいと思ったんだ」と言いました。

それから十数年が過ぎたある日、その小さな工務店に1本の電話がかかってきました。「家を建てたいのですが、ぜひ、あなたの工務店に頼みたい」という電話でした。工務店の社長は、突然の電話に大変驚きました。見積もりも取っていないのに、仕事を依頼されたのは初めてだったのです。

不思議に思った社長は、電話のお客さまに「どうして私の工務店に仕事を頼みたいと思ったのですか？」と尋ねました。電話のお客さまは、作文の授業をしたあの先生でした。

「昔、お父さんの仕事について、作文の授業をしたことがあるのですが、気になる文を書いた子がいたんです」

「どんな作文だったんですか？」

「はい、それは、『お父さんは小さな工務店をやっています。お父さんの仕事は本当にかっこいいです。ボクもお父さんのような仕事がどうしてもしたいです』という作文です。どうしてそう思ったのか聞いてみたところ、『お父さんは、いつも楽しそうに仕事をしていてキラキラ輝いているから』と言いました。実は、私はその作文の授業をした教師なんです。そして、そのお子さんとは、あなたの息子さんのことなんですよ。私は、お子さんからお父さんのことを聞いて、いつか将来、家を建てる時が来たら、そのお父さんに仕事を頼みたいと思っていたんです」

「そうだったんですか…。息子がそんなことを書いたんですね。ちっとも知りませんでした。でも、息子の話のどこが、先生の心をそんなに動かしたんでしょうか？」
「いつも楽しそうに仕事をして、キラキラ輝いていたと話してくれたからです。きっと、そのお父さんは、お客さまや地域の人たちを大切にして、いい仕事をしているに違いないと思ったんです。いい仕事をしているから、お客さまや地域からたくさん感謝され、感謝されるから仕事が楽しくなって、キラキラ輝いていたんじゃないかと思ったんです。だから、お父さんの姿を見たお子さんは、お父さんの仕事に憧れたに違いないと考えました。ですから、将来、家を建てる時が来たら、必ずこの子のお父さんに建ててもらおうと決めていたんです。お子さんは元気ですか？」

このエピソードが物語るように、仕事というものは、次々につながっていくものです。すぐにつながることもありますが、この話のように10年後につながることもあるかもしれません。

仕事は、生活のためでもありますが、本当は、人を幸せにするためのものだと思います。どのような意識や姿勢で仕事に取り組むのかによって、次の仕事が来るかどうかが決まります。人を幸せにしようと取り組んでいけば、幸せになった人が次の仕事をつくってくださいます。仕事は、繰り返していくことで、新たなつながりを生み、どんどんつながっていくものです。それは、周りの人たちの笑顔や幸せにもつながっていきます。家族の幸せにもつながっていきます。これこそが、仕事の素晴らしさではないかと思うのです。

43 感動君と困難君

どのようにしたら感動のある人生を送ることができるのか、についてお話しします。日々、仕事をしていく中で、なかなか感動することがないという人もいるかもしれません。しかし、私は、感動はどのような所で、どのような仕事をしていたとしても、必ず得られるものだと思っています。

私がつくった「感動君と困難君」という話をご紹介します。
何か夢を持った人のところに最初にやって来るのが、困難君です。困難君は、すごく目立ちたがり屋で、足が速く、すぐ人の目の前に立ちはだかります。特に、夢を持った人がいると、その人のところに飛んでいって、その人の夢の前に立ちはだかり、夢に向かわせないようにします。困難君は、人の邪魔をするのが楽しくて仕方ありません。困難君に出会った人は、「こんなに大きな困難があるなら無理だ」とガッカリしてしまいます。困難君は、それを楽しみにしているのです。

さて、このような困難君にも親友がいます。それが、感動君です。感動君は困難君と正反対の性格で、とってもシャイです。そして、足が遅いため、いつも困難君についていけません。困難君は、夢を持った人を見つけると、素早く「ダーッ」と走っていって、夢の前に立ちはだかりますが、感動君はいつも遅れてトコトコやって来ます。しかも、シャイな性格ですから、困難君の後ろに隠れてしまって、姿を見せようとしません。

どうしたら感動君に会うことができるのかというと、立ちはだかっている困難君を乗り越えていく以外にありません。

感動君は姿を見せませんが、困難君の真後ろにいつもいます。感動君には楽しみにしていることがあります。それは、困難君を乗り越えてきた人にプレゼントをあげることです。「感動の涙」というプレゼントです。困難君が大きければ大きいほど、大きな感動君が後ろに隠れていて、大きな感動の涙をプレゼントしてくれるのです。

物事が、すべて順風満帆にうまくいっている時は、なかなか感動を味わうことができません。感動は、壁や問題を乗り越えていった先にあるものだからです。

ですから、困難が大きい時は、「もうダメだ…」とガッカリするのではなく、「うわあー、大きな感動君が待っているんだ！」とワクワクしてもいいと思います。

夢や目標には、簡単に達成できないものがたくさんあります。しかし、感動のある人生を送るためには、夢や目標を持って、どんな困難も乗り越えていく努力が必要です。その努力の過程こそが感動につながっていくのだと思うのです。

楽をしようと思って、困難を避けていけば、ワクワクすることがない、つまらない人生になってしまうかもしれません。大変ですが、「困難の後ろには、必ず感動君が待っているんだ」と信じて努力を積み重ねていけば、きっと人生が感動に包まれたものになっていくと思います。

さらに、その夢や目標が、人や社会の役に立つものであれば、〝最幸〟の人生になるのではないでしょうか。

14 一体感

会社の一体感は、どうやってつくったらいいのでしょうか。

会社は、大きくなればなるほど、一体感をつくるのが難しくなっていきます。しかし、私は、たった一人の社員の力でも会社の一体感をつくりだすことはできると思っています。

一つのエピソードをお話しします。これは、大変懇意にしてくださっている、ある大手企業さんで実際にあった出来事です。

その会社の社長は、いわゆる生え抜きではありませんでした。以前から会社とつながりがあったわけでもなく、業界に詳しいわけでもない、まったくのよそ者社長です。おのずと、社長と社員たちとの間には、目に見えない隔たりができ、これがいろいろな場面で悪影響を及ぼしていました。

「どうしたら一体感のある会社にできるのだろうか？」
「会社がまとまって、一つのチームになるにはどうしたらいいのだろう？」

ある一人の社員が、そのことを真剣に悩んでいました。そして、ついに誰も思い付かないような企画を考え出したのです。

その企画とは、社長の誕生日に、全社員の子どもたちから、バースデー・カードをプレゼントするというものでした。15歳以下の子どもたち全員によるバースデー・カードです。まさに途方もない企画でした。もちろん簡単にいくはずがありません。案の定、協力してくれない人がたくさんいました。

「どうしてそんなことをしなければならないのか」
「ほかにも方法はあるんじゃないのか」
「うちの子は、はずしてほしい」

その社員は、何を言われようと、決して諦めませんでした。大変な時間と労力をかけて、彼は社員一人ひとりと話をして、「みんなで力を合わせて、会社を一つにまとめましょう。

そのためには、どうしてもお子さんの力が必要なんです」と言い続けました。

いくら断っても、諦めない彼の姿に根負けし、協力的ではなかった人たちが、1人、また1人と賛同してくれるようになっていきました。そして、ついにその日が来ました。社長の誕生日です。

この日は、あらかじめ秘書の協力を得て、朝の出社時から、社長をビデオ撮影することになっていました。いよいよ社長を乗せた車が会社の玄関に到着しました。ビデオが回り始めます。社長はびっくりしました。

「おい、何をしているんだ？」

「社内広報用のビデオを作っています。ちょっとの間ご一緒させてください」

その社員とカメラマンは、社長とともに歩き、ビデオを撮り続けました。社長が社長室のドアを開けて中に入ると、机の上には、大きな段ボール箱が一つ置いてありました。とてもきれいに包装され、リボンまでかけられていました。

「何だこれは？」

社長は、わけがわからないまま箱を開けました。すると、中にはたくさんの手紙が入っていました。すべて、ひらがなで書かれたものもあります。

社長は、「いったい何だろう」と思って手紙を読み始めましたが、すぐに、この手紙の山が社員の子どもたちからのプレゼントであることに気付きました。

「パパにお給料を払ってくれてありがとう」
「お仕事をくれてありがとう」

そこには、子どもたちからの、たくさんの、本当にたくさんのメッセージがありました。社長は、それらを読んでいるうちに、感動して泣き出してしまいました。ビデオカメラは、その時の一部始終を収めていました。

この映像は、全社員が見ることとなり、会社中の話題となりました。社員たちは、「やってよかったね」と喜び合いました。

実は、その後、もっとすごい奇跡が起こったのです。それからというもの、その社長は、全社員の、15歳以下の子どもの誕生日に、直筆でバースデー・カードを書いて贈るようになったのです。それを10年間にわたってやり続けています。今、その会社は、とても一体感のある会社に変わっています。

このエピソードの始まりは、たった1人の社員の「なんとか一体感のある会社にしたい」という「思い」でした。

一体感は、「一体感を持て」といくら言っても生まれるものではありません。一体感とは、「みんなの思いが一つになる瞬間」です。一体感は、「思いを共有する機会をつくる」ことでつくられます。これは、たった1人の社員の「思い」でもできることです。それは仕事を通してだけでなく、何かの活動を通してもできます。このエピソードのように、手紙をプレゼントするのも、一つのアイデアだと思います。

一番大切なポイントは、何のためにするのかが共有されていることです。それをすることで、会社に一体感が生まれるということをみんなで共有できた時、すでに一体感は生まれているのだと思います。

一体感は、一体感をつくる企画そのものも大事ですが、その企画を実現するまでの過程こそが大事で、むしろそれによって育てられていくものだと思います。みんなで「会社を一つにしたい」という思いを共有していく、その過程がとても大事です。それをするには、大変な困難を伴うかもしれません。しかし、たった1人の社員の力でも、できるのではないかと思っています。

「この仕事や、この活動を通して、みんなが一つの気持ちになるんだ」と信じた人たちによってつくりだされていくもの、それこそが一体感なのではないでしょうか。

みんなで共有できた時

15 世界一になる方法

世界一になりたいと思ったら、「世界一である」という意識を、今、持つことです。これはとても大事なことです。例えば、接客サービスの会社で働いているとしたら、「今、自分は世界一の接客サービスを提供する会社で働いているんだ」というように、自分の意識の中でそう決めてしまうのです。そうすることで、すべてが変わっていきます。

具体的にどういうことか考えてみましょう。今、電話が鳴ったとします。世界一の接客サービスの会社で働いているのなら、当然、電話の取り方も世界一でなければなりません。おのずと、「世界一の接客サービスの会社なら、どのように電話を取るだろうか」と考えてから、電話に出るようになります。結果、普段とは違う対応になっているはずです。

このように、「世界一」を意識した瞬間から、実は世界一に近づいていくのです。ですから、コピーを取る時も、電話を取る時も、商談をする時も、会議をする時も、お客さまと相対する時も、クレームに対応する時も、常に、世界一を意識して、「世界一の会社だとしたらどのようにするだろう」と考えて行動するようにすれば、すべてが変わり、世界一に近づいていくのだと思います。

世界一の技術を持っていると自負する中小企業の社長さんにお会いした時の話をご紹介します。その会社は、なかなか解決できない問題にあえて挑んで、ある分野で世界一になった会社です。

私は、社長に「世界一になるために必要なものは何ですか」と尋ねました。世界一になるためには、「資金」「技術者」「技術力」「人脈」などの経営資源のうち、何が必要となるのかを知りたかったのです。ところが、その社長さんは意外なことを言い出しました。

「実は、うちには経営資源は何もなかったんだよ。でも、そんなものは関係なかったんだ。世界一になるために必要なものは、そういった経営資源じゃないんだよ」

私は、社長の答えが腑《ふ》に落ちませんでした。

「では、どうやって世界一になったんですか？」

「他社も世界一を目指してがんばっているけど、うちの会社には絶対に勝てないよ。それは、誰が見ても、誰が聞いても『それは難しいよ』『絶対できっこないよ』と諦めてしまう分野にあえて挑むからだよ」

キツネにつままれたような話でした。私はさらに尋ねました。

「確かに、みんなが諦める分野で成功すれば世界一になれるでしょうが、でもどうすればそんなことができるんですか？」

「それは、始める前に世界一になると決めているから世界一になるしかないんだよ」

ここまでくると、社長が何を言っているのかサッパリわからなくなっていました。

「ちょっと待ってください。世界一になると決めているということですが、現実問題、極めて難しい分野に挑むのですから、どうしていいかわからなくなることがいっぱい起こるんじゃないですか、そんな時はどうするんですか？」

「難しいことに挑んでいくのだから、うまくいかないことの連続になるさ。どうしたらいいのかわからず途方に暮れることになる。当然、とってもつらくなるよ。でもそれでいいんだよ」

「えっ、つらくなっていいって…意味がわからないんですが」

「福島君、つらくていいんだよ。ぼくらは仕事を始める前に、いつも決めていることがあるんだ。それは、『世界一の苦しみに耐える』『どんな困難や問題があっても、すべての苦しみに耐える』ということなんだ。それを仕事を始める前に決めているから、どんな苦しみにも耐えられるんだ。そして、ぼくたちはわかっているんだ。ぼくたちが世界一の苦しみに耐え忍べば、必ず道が見えてくることをね。だから、ぼくらは世界一になるんだよ。他社は、苦しみに耐えることを決めていないから、問題や困難が諦める理由になるし、うまくいかない理由になるんだよ」

このように、世界一になりたいのなら、「世界一になる！」と最初に決めてしまえばいいのだと思います。つまり、始める前に結果を決めてしまうのです。

そして、「世界一」の意識を「今」持つことです。みんなが諦めても、自分だけは諦めないという決意を「今」することです。

「世界一」という結果は、物事にどうかかわるのか、その意識の持ちようがつくりだすものではないかと思うのです。そして、この考え方は、「どうしたら夢が実現できるのか」ということにも通じるものだと思います。

16 出世

「出世」とは何でしょうか。

一般的な意味としては、役職が主任、課長、部長、役員と上がっていくことを言います。役職が上がるにつれて権限が大きくなっていきますので、「出世」は働く動機の一つと言えます。

では、「出世」は何のためにするのでしょうか。大きな権限を得て、自分のやりたいことを実現するためでしょうか。このことについて少し考えてみたいと思います。

実は、出世をして権限が大きくなっていくと、より大きな問題に出合うようになります。一番大きな問題に出合うのは、一番大きな権限を持っている社長です。そう考えていくと、出世をして大きな権限を持つということは、大きな問題に最初に挑む権限を持つことだと言えます。

大きな問題が起こると、社員やスタッフたちは、上司がその問題に対して「どう向き合い」「何を考え」「どのように行動するのか」注目します。そして、彼らはその上司の姿を見て、自分たちの次の行動を決めます。

見方を変えれば、上司にとって大きな問題との出合いは、部下たちに自分が問題にどう挑むのかを見せる機会であり、カッコいい姿を見せるチャンスと言えます。

私は、アントレプレナーセンターという小さな会社を経営していますが、もし大きな問題が起こったら、きっと次のように言うと思います。

「社長、大変です。大問題が起きました。会社がつぶれてしまうかもしれません」

「そうか、やっとこの日が来たようだな。これからぼくがどんな問題も解決してみせよう。みんなは安心して、今までどおり仕事をしてくれ。ただ、一つだけ言っておきたいことがある。それは、『ぼくのカッコいい姿を見ても、決してほれるなよ』ということだ」

カッコいいですね。妄想しただけで、感動し、興奮してきます。早く言いたくなってしまいます。でも、簡単に言うことはできません。本当に会社がつぶれそうになるまで、とっておかなければいけません。

これは、ちょっと変わった私の例ですが、出世は、最初に大きな問題に挑む権限を得るための手段であり、大きな問題に挑む「カッコいい姿」を部下たちに見せる権限を得るための手段だと思うのです。

そして、カッコいい上司の姿を見た部下やスタッフたちは、「私たちもがんばろう」と意気込み、みんなで力を合わせて、大きな問題を乗り越えて行こうとします。このことで、会社に一体感が生まれ、みんなに成長や学びや充実感がもたらされます。

問題があればあるほど、上司たちが輝く会社、社員やスタッフたちがあこがれる上司たちであふれる会社、それこそが一体感のある素晴らしい会社なのではないでしょうか。みんなが努力して、出世していく大事な意味がここにあるように思うのです。

17 不可能

「不可能」について考えてみたいと思います。

会話の中で、「それは無理だね」とか「不可能だよ」と言われたり、言ったりした経験が、誰にでもあると思います。特に、夢について話すと、そう言われることが多いかもしれません。

しかし、よく考えてみると、「不可能って何だろう」と思うのです。そもそも、人間に不可能なものなんてあるのでしょうか？

例えば、150年前にさかのぼってみましょう。時は1866年、江戸時代末期。坂本龍馬が薩長同盟を成し遂げた年です。

もし、その時代の人が、タイムマシンに乗って現在にやってきたとしたら、きっと、何もかも理解できないと思います。まず、目の前をすごいスピードで走る車が理解できないでしょうし、空をごう音とともに飛んでいく飛行機は、もはや妖術としか思えないかもしれません。

龍馬の時代に、江戸から高知（土佐）まで歩くと、約1カ月かかりました。でも、今は飛行機という交通手段がありますので、1時間半で行けます。これは、江戸時代の人たちには、とうてい信じられないことです。人間が空を飛ぶだなんて、まったくもって不可能な時代だったからです。

パソコンや携帯電話にいたっては、何をしているのかすら、わからないと思います。カタカタと画面に向かって何をたたいているのか、小さな板を耳に当てて、一人で何を話しているのか、サッパリ理解できないと思います。電波や電気なんて理解できない時代です。しかし、現代の私たちが、150年後の未来へタイムトラベルしたら、きっと同じようにすべてが理解できないと思います。未来は、普通に宇宙旅行をしていたり、深海に別荘を持っていたり、瞬間移動ができていたりしているかもしれません。「それは無理だね」「不可能だよ」と思っていたSFの世界が、現実のものとなっているでしょう。

私たちは、ややもすると自分の過去の経験や知識の範囲で「可能」か「不可能」かを判断しがちです。過去を基準にして考えれば、不可能なものばかりになります。しかし、未来を基準にして考えれば、すべての常識が一変します。

きっと、今、不可能だと思ったことは、10年後、20年後には可能になっているかもしれません。しかも、そのスピードは、どんどん速くなっています。

龍馬の時代、人間が空を飛ぶなんて考えられないことでしたが、薩長同盟からわずか37年後の1903年には、ライト兄弟が人類初の有人動力飛行に成功しています。このように、私たち人類の歴史は、不可能を可能にしてきた歴史なのです。それこそが、人類の素晴らしさではないかと思うのです。

私は、人間は無限の可能性を持っていて、どんなことでも実現できると考えています。ですから、人間に不可能なことはないと思います。もし、「不可能だ」と思ったとしたら、それは勘違いです。

私たちが持っている無限の知恵とアイデアと可能性を引き出していけば、すべての物事が可能になると思います。可能か不可能かは、人間が持っている無限の可能性を信じるか信じないか、それだけの違いではないでしょうか。

18 競争

競争とは何でしょうか。私たちは、競争することでモチベーションを上げたり、自分を成長させたりすることができます。しかし、勝ち負けにこだわるあまり、弊害をもたらすこともあります。

例えば、業界内で競争しているうちに、業界内で勝てたとしても、気が付いてみたら、その業界自体が社会から必要とされなくなっているかもしれません。

また、競争によって、勝者と敗者ができることによる弊害もあります。例えば、ディベート（討論）で言うなら、論破したほうは勝者となり、論破されたほうは敗者となります。敗者が、負けたことを前向きに捉え、その経験を糧にして成長してくれればいいのですが、落ち込んで、やる気を失い、生きる気力すらなくなってしまうようでは、なんのための競争かわからなくなってしまいます。

どうしてこういうことが起こるのかというと、一つは、「勝つこと」を目的に競争しているからです。そうではなく、「学ぶこと」「成長すること」を目的にすればいいのではないでしょうか。こう捉えれば、強い競争相手は、倒す対象ではなく、学ぶ対象、尊敬すべき対象であり、自分を成長させてくれる大切な人になると思います。

もう一つは、競争する相手を「他人」にしているからだと思います。私は、本当の競争相手は自分自身だと思っています。どういうことかというと、一人ひとりが昨日の自分を超えられるように、「自分」と競争するのです。自分との競争は、自分らしく成長することができ、みんなが魅力的になります。ひいては魅力ある人であふれた社会ができると思います。

それでは、具体的にどうしたらいいのか、商店街を例にして考えてみましょう。例えば、売れているお店があったとしたら、そのお店をみんなで称賛し、そのお店のいいところを各店が学んで、自分なりに取り入れて、各店が昨日よりもよくする努力をするのです。強みは教え合い、弱みは応援し合うのです。商店街のお店が、みんなで刺激し合って、学び合って、自分らしい魅力にあふれたお店になっていけば、本当ににぎわう商店街になっていくのではないでしょうか。

このように、競争の目的を「自分が成長するためのもの」、競争相手を「昨日の自分」と捉えれば、みんなが魅力的になっていくことができ、魅力的な業界、魅力的な町、魅力的な社会をつくっていけるのではないでしょうか。そこには落ちこぼれや敗者はいません。すべての人が輝く場所ができます。

私は、競争とは、「すべての人が幸せになる社会をつくるためのもの」、そういうものではないかと思うのです。

19　リスク

「リスク」について考えてみたいと思います。よく、「新たなことに挑む時には、リスクがつきものだよ」と言いますが、私は、リスクを感じていない時こそがリスクではないかと思うのです。

「諸行無常」という言葉がありますが、すべては移り変わるものであり、常なるものは一つもありません。世の中や社会は絶えず変化しています。今日売れているものが、明日は売れなくなるかもしれません。今うまくいっている仕組みが、明日も通用するとは限らないのです。

しかし、うまくいっていると、リスクは成功の陰に隠れてしまって、見えにくくなります。一見、リスクがないように見えますが、実は、小さなリスクがたくさん芽生えているかもしれません。放っておくと、そのリスクはどんどん大きくなっていきます。

それにもかかわらず、私たちは今うまくいっている事業があると、その事業を繰り返そうとする意識が強くなります。追加投資や増産を繰り返すことによって、大きな利益をあげ、企業を成長させようとします。しかし、うまくいっていることを繰り返す時こそ、最もリスクが高まる時といえます。「リスクは常にある」と考えておく必要があるのです。

では、リスクにはどう備えたらいいのでしょうか。それは、自分たちが目指す企業理念や夢に向かって常に改善を繰り返していくことだと思います。たとえ、今うまくいっている事業があったとしても、「うまくいっているからいい」ではなく、もっとうまくいく方法を考えて、改善していくことが大切です。考えたら考えただけ、必ずもっとうまくいく方法は見つかってくるものです。

実際、人や社会に価値を提供できている企業は、常に自分自身を改善し、新しい価値を生み出し続けています。このような備えこそが、リスクを最小化できるのだと思います。リスクは改善し続けることで勝手に小さくなってくれます。

リスクは、常にあることを意識しなければいけませんが、恐れて萎縮する必要はありません。企業理念、夢、創りたい社会に向かって、改善していくことが、一番大切なことではないかと思っています。

20　社員の幸せ

働く人にとっての幸せとは何でしょうか。かつて、私は、働く人にとっての幸せとは、仕事が楽で、生活が保障されていることだと思っていました。

しかし、一人のおじさんとの出会いによって、本当の幸せは、その人がそこで生きがいを得ることだと思うようになりました。それは、駐車場の管理人のおじさんでした。このおじさんと出会ったことで、私は仕事がとても楽しいものになったのです。

以前、私の事務所は東京の新宿区にあり、いつも会社には車で通っていました。私が契約した駐車場に車を止めると、いつもおじさんは笑顔で迎えてくれました。そして、最高の接客をしてくれたのです。例えば、荷物が多くて困ったなあと思っていたら、私の荷物を事務所まで運んでくれたこともありました。私は、そのおじさんに会うだけで、毎朝、気持ちが良く、笑顔になれました。

こんなこともありました。いつものように駐車場に着いたら、土砂降りの雨でした。しかし、傘を持ってくるのを忘れてしまったため、私は車から出られません。「どうしようかなあ」と思案していたら、車の窓ガラスをコンコンとたたく音がしました。おじさんが傘を差して来てくれたのです。

「福島さん、私の傘だけど良かったら使ってもらえませんか。持っていってください」

「いや、おじさん、今日は一日中、雨みたいだから、私に貸してしまうとおじさんが帰るのに困るでしょう」

「いや、私のことはいいから、福島さん、この傘を持っていってください」

「すごい人だなあ」と思いました。おじさんの仕事は、駐車場の管理をすることだけなのに、自分の傘をお客さまに渡して、自分はぬれて帰るというのです。こんな人には会ったことがありませんでした。とてもびっくりしたことを覚えています。

また、このおじさんは、毎日、不思議なことをしていました。当時、東京の新宿区には駐車場が少なく、ここもいつも満車になっていました。満車になると、入り口にロープを張って、「満車」という看板を出し、中に入れないようにします。

しかし、そのおじさんは満車になると、ロープの外に立って、入ろうとする車1台1台にお辞儀をして謝っていたのです。おじさんは、謝るために外に立ち続けました。たまに、「いつ来ても満車じゃねえか！」と怒られることもありました。


「なんであんなことまでするんだろう」


私はとても不思議でした。なぜなら、ほかのおじさんたちはそういうことをしていなかったからです。管理人のおじさんは3、4人いましたが、ほかのおじさんたちは、満車になるとロープを張って、管理人室でマンガを読んだり、一人で碁を打ったりしていました。ところが、そのおじさんは、外に立っていつも謝っています。

私は、外に立って謝ったり怒られたりしているおじさんと、管理人室の中でマンガを読んだりしているおじさんを見比べて、外に立っているおじさんが間違っていると思いました。理由は、給料が同じだからです。

当時の私は、まだ、「仕事は楽なほうがいいのではないか」「楽をしてうまいこと結果が出せれば、それが一番いいのではないか」と思っていました。ところが、そのおじさんは、誰に指示されたわけでもないのに、わざわざ手間が掛かることをやっていました。やらなくてもいいことをやっていたのです。

ある日、そのおじさんは、私に「福島さん、いやあ、お世話になりました。来週いっぱいで、この仕事を辞めることになりました。妻が肺を患ってしまったので、空気のきれいな田舎に引っ越しするんです」と言いました。お世話になったのは私のほうでした。

そして、おじさんが駐車場で働く最後の日が来ました。私はお菓子を持っていこうと思って、近所のお菓子屋さんに行きましたが、なぜかどこも売り切れになっていました。「どうして今日に限って…」と思いながら、仕方なく新宿駅のほうまで行ってお菓子を買い、駐車場に向かいました。

そこで、私は忘れられない光景を目にすることになりました。駐車場の中は、数百人もの人であふれていました。おじさんは、どこにいるのかわかりません。町中の人が集まってきたかのようです。不思議な光景でした。

管理人用の小さな建物には、小窓と、現金のやり取りをするための棚が付けられていますが、その棚の上は花束の山になっていて、管理人室の窓が見えないほどでした。さらに、集まった人たちは、みんなプレゼントを持って来ていて、管理人室のドアの横には、1メートルぐらいの高さに積み上げられたプレゼントが2列になっていました。まるで管理人室が、おとぎの国のお菓子の家のように輝いていました。

おじさんは、みんなから次々と感謝の言葉を言われ、みんなと写真を撮っていました。

「このおじさんはいったい何をやってきた人なのだろう？」。私はその光景を見て、とてもショックを受けました。このおじさんが、駐車場の管理人をしていただけではなかったことは明白でした。

一方、大変失礼なのですが、管理人室でマンガを読んでいたおじさんとは話したこともなく、いつ辞めたのかも知りませんでした。気が付いたら、いつの間にかいなくなっていました。

この時、私は、働く人にとっての幸せとは何かがわかりました。そして、みんなから惜しまれて、こんなに感謝される、この管理人のおじさんのような仕事がしたいと心から思いました。

管理人のおじさんは、駐車場の管理人の仕事をしていただけではなく、町中の人たちを笑顔にする仕事をしていたのです。みんなが笑顔になるために、このおじさんは自分の命の時間を使って、一人ひとりの人たちにできることをやり続けていたのです。

このおじさんから教えてもらったことがあります。

「仕事の意味や楽しさは、自分でつくればいい」

どのような仕事をしているのかは問題ではありません。その仕事にどういう意味を持たせるのか、つまり、自分自身が何のためにこの仕事をするのかが大事だったのです。そして、その価値や意味は、自分でいくらでもつくることができます。

私は、このおじさんのような仕事がしたいと思いました。どんな仕事であっても、楽しくなるように考えて、仕事をしようと思いました。「この仕事を通して、1人でも多くの人を笑顔にするんだ」と考えて仕事をしようと思いました。

それは、もしかすると大変なことかもしれません。しかし、そこには生きがいがあり、仕事の意味があります。すると、その大変なことは、充実感や達成感に変わっていきます。何よりもエネルギーが湧いてきます。働くことに対して力が湧いてきます。

楽で、収入が多くて、安定している仕事は、一見いいように思えますが、実はつまらない仕事かもしれません。そこに生きがいや、やりがいはないかもしれないのです。

このように考えてみると、社員にとっての幸せとは、企業理念に基づき、一人ひとりが、仕事を通じて世の中や社会の役に立ち、人を笑顔や幸せにして、感謝される存在になっていく、必要とされる存在になっていくことだと思います。こうした努力そのものが、社員を幸せにしていくのではないかと思うのです。

私は、「幸せとは、人を幸せにする努力そのもの」だと思うようになりました。

みんなが笑顔になるために

21 働く目的

何のために人は働くのでしょうか。それは、人の役に立ち、社会に貢献するためであり、そうすることで自分自身の存在価値をつくるためです。働く目的を四つに分けてお話ししましょう。

一つ目は、「自己実現」です。自己実現とは、自分の思いどおりの結果を出した瞬間を言うのではなく、夢や目標に向けて自分自身を成長させていく過程そのものを言います。日々、壁や問題を乗り越えていく中で、気付いたり、学んだりし続けていくことが自己実現です。

例えば、あるアスリート選手が、学校で一番を目指して練習を続けた結果、一番になれたとします。その選手は、地区大会に進み、そこでも勝ち上がり、全国大会に出場して誰もが認める結果を出しました。しかし、その選手は歩みを止めようとしません。さらにプロになり国内で活躍できるまでになりました。それでもその選手は満足せず、もっと高みを目指して、一人で海外に渡り、世界中の強豪と戦い続けました。さて、引退した後、どうしたかというと、今度は監督になって、自分の記録を塗り替えるような若手選手の育成に力を注ぎ始めました。この人は、永遠に挑戦し続けています。この状態こそが、自己実現の真っ最中といえます。

すべての目標を達成し、ユニホームを脱いだ時、それは自己実現が終わった時を意味します。しかし、人生においては、次の目標がないと、「バーンアウト」といって、燃え尽き症候群になってしまうことがあります。やりたいことがなく、生きがいや、生きている意味までわからなくなってしまいます。私は、働くことを通して、常に夢や目標を持ち、気付きと学びの毎日を送っていくことが最も大切であり、そうすることで自己実現にあふれた人生になると思うのです。

二つ目は、「自己成長」です。働くことを通して、気付きと学びを得て、今までできなかったことができるようになります。そこには自分自身が成長していくという喜びがあります。

私は、成長とは、人や社会に役立つ人間になっていくことだと思います。言い換えると、人や社会に対して思いやりのある人間になること、人や社会のことを考えられる人間になることです。それが「究極の人間」ではないかと思うのです。

すべてに対して、思いやりを持って生きることは難しいかもしれませんが、私たちは、いろいろなことを学んでいくことで、他人を受け入れ、他人に貢献し、他人に思いやりのある人間に、無限になっていけるのだと思います。

私たちは、生きている以上、問題や失敗や困難を避けることはできません。どうせそうなら、私たちはそれらから学び、成長していくしかないと思います。

私は、よく「人としての成長」「気付きと学びの毎日を送る」「全人格的に成長する」などと言っていますが、成長するためには、問題や失敗や困難は、むしろあったほうがいいのではないかと思います。立ちはだかる問題や困難が大きければ大きいほど、自分自身が変わらなければならなくなるため、大きく成長できます。

三つ目は、「価値創造」です。これは、仕事を通して、人や社会に価値を提供していくことを言います。私は、「価値」を「人を幸せにすること」と定義しています。人や社会を幸せにする「価値」は、無限につくることができます。例えば、50人の起業家が全員ラーメン屋をスタートしたとします。ラーメン屋という事業を通して、「人に喜んでもらいたい」「笑顔になってもらいたい」と本気で思って努力していくと、間違いなく全員が成功します。

しかも、みんな違うラーメン屋になっているはずです。味、麺の太さ、素材、メニュー、値段、店の雰囲気、サービスなど、50人が50通りのやり方をしているはずです。なぜなら、私たちは、「改善」することで、自分らしいやり方を無限に見つけていくことができるからです。ですから、今、おいしいラーメン屋があったとしても、それ以上においしいラーメン屋は、必ず現れます。

改善できない仕事はありません。どんな仕事も改善できます。言い換えれば、新しい価値は無限にできるのです。私たちは、働くことで、その「価値」を人や社会に提供していきます。

四つ目は、「社会調和」です。これは、自分たちの仕事が、他の人、社会、世の中ときちんと調和し、すべての人が一緒になって、相互に良い影響を与え合い、機能していく状態をつくることです。

例えば、工場を建設したとします。企業は商品やサービスを提供でき、地域社会は雇用や税収入が増えるというメリットがあります。しかし、工場から出る排水が地域の人たちにとって有害なものだったとしたらどうでしょうか。地域社会に大きなデメリットをもたらしてしまいます。これでは社会調和ができているとはいえません。

利益が出れば何をしてもいいということではなく、きちんと社会の役に立って、利益を出していくことが求められます。簡潔に言うと、人に迷惑をかけないために、過去に問題となったことをすべて解決し、企業と地域社会が互いに貢献し合っていくことが大事です。社会調和は、地域との調和に限ったことではありません。子どもたちが大人になっていく50年後、100年後、200年後、もっというなら千年後、一万年後の地球との調和を見据えて、仕事をしていくことが必要になってくると思います。

このように、働くことの目的は、単に生活するための収入を得ることだけではなく、気付きや学びや成長であり、自分たちが社会に貢献し、社会の役に立つことであり、地球や将来の人類との調和でもあります。このことをきちんと理解して働くことは、とても大事なことだと思うのです。

22 人間の欲求

人間がそもそも持っている欲求についてお話しします。

人間の欲求説については、行動科学や心理学において、A・H・マズローの「欲求5段階説」やD・マグレガーの「X理論・Y理論」など、いろいろな理論がありますが、私は、人間には相反する二つの基本的欲求があるのではないかと考えています。

一つは、生きていくために必要となる本能的、無意識の欲求で、これを私は「安楽の欲求」と呼んでいます。「水は低きに流れ、人は易《やす》きに流れる」と言いますが、私たちは無意識でいると、どうしても目の前の楽なほうを選びがちです。これは人間の根源的な性質だと思います。ですから、仕事に対しても、「楽なほうがいい」「休みが多いほうがいい」という考え方をしがちです。

安楽の欲求は、それ自体、決して悪いことではありません。しかし、楽であれば幸せなのか、生きている実感があるのかというと、残念ながらそうではありません。楽なだけだと、どこかつまらなく、やりがいがなく、生きがいもありません。

もう一つの欲求は、充実感を求める「充実の欲求」です。私は、日々の充実感を「生きがい」と呼び、大きな充実感を「感動」と呼んでいます。

それでは、充実感について、いくつか例をあげながら、詳しく考えてみたいと思います。


一般的に、60歳で定年退職を迎えると、退職金が入り、多少なりともお金と時間に余裕ができるようになります。それまで、毎日、満員電車に揺られ、夜遅くまで働き続けてきたのですから、さぞ、ゆっくりするのかと思いきや、そうではありません。まだまだ身体が元気なこともありますが、家で何もせず、じっとしている人はまれです。

団塊の世代が大量退職を迎えた時は、四国遍路がブームになったと聞きます。弘法大師が残した十善戒の戒律を守り、四国八十八ヵ所の霊場をめぐる旅は、ほとんど修行です。私の知り合いなどは、険しい日本百名山を一山一山登っています。

不思議だと思いませんか。定年退職後は悠々自適に生きられるのに、どうしてあえて大変なことを始めなければいけないのでしょうか。理由は、じっとしているだけでは「つまらない」からです。充実感がほしいのです。

充実感を求めているのは、なにも定年退職した人に限ったことではありません。例えば、現役で働いている人の中には、土・日曜日にゴルフに行く人も多くいます。私もゴルフは大好きです。残念ながら年に1回ぐらいしか行けませんが…。

さて、このゴルフというスポーツは、ボールが真っすぐに飛ばないようにできているのではないかと思うくらい、ボールはあらぬ方向へ飛んでいきます。右側の山中にシャーッと消えていったり、左側へ飛んでいって池にドボンと落ちたりします。打つ人は、「オリャー」などと叫びながらクラブを振り回します。いくら「力を抜け」と言われても、どうしても力が入ります。

ボールがどこに飛んでいくのかわからないので、それを見定めるためには、あと3人必要です。それでゴルフは、4人一組でコースを回るのだと思います。誰かがティー・グラウンドに立つと、キャディーさん他3人に緊張が走ります。全員が集中して、ボールの行方を見定めようとします。そして、ティー・ショットをすると、みんなが「あそこだ」「そっちだ」と、指を差してくれます。全員が打ち終わると、各自、クラブを2、3本持って林や山の中に消えていきます。

ゴルフには厳しいルールがたくさんあります。それらを守りながら、各自がゴールを目指します。そのゴール地点には、旗が立っています。「お互いにがんばって、いつかあそこで会おうね」という集合場所の印でもあります。やがて、4人は息を弾ませながら、集合場所にやって来ます。そして、みんなで、いかに困難だったかを話します。

「どうした?」

「木に当たって、後ろに戻ったんだよ」

「ぼくなんか池に落ちて、ボールがなくなったんだぜ」

「ぼくは隣のコースへ打ち込んでしまって、あの林を越えて打ってきたんだ」

というように、グリーンという集合場所で、みんながいかに苦労したかを話します。なんと、これを18回も繰り返すのです。そして、ホールアウトすると、「また行こう」と言い合います。

もし、すべての打球が真っすぐ飛び、素人もプロもアマもみんなが同じスコアだとしたら、きっと誰も行かなくなると思います。練習してもしなくても結果が同じだとしたら、誰も練習しません。なぜなら、「つまらない」からです。うまくいくと「つまらない」のです。

ボウリングも同じです。例えば、このようなボウリング場があったとしたら、あなたは行きたいと思いますか？

「うちのボウリング場は300点満点を保証しています。特別ルールで、うちはピンを係員が手で倒します。ですから、ボールは必要ありません。今から係員がピンを倒しますから見ていてください。300点を保証します。その代わり、手間がかかりますので1ゲーム5000円です」

誰も行きたくないですよね。なぜなら「保証」したからです。つまり、すべての結果が保証されると趣味は成り立たなくなってしまうのです。趣味というものは、うまくいかないこと、どうなるかわからないことを楽しむものです。保証がないこと、どうなるかわからないことにワクワクし、そこに意味があります。それを自分の努力によって解決していく過程そのものが楽しいのです。

この「楽しい」という気持ちは、「楽」ではなく、「充実感」によってもたらされます。仕事が楽しいと感じた時のことを思い出してください。その時も、きっと、楽だったからではなく、充実感を得たからではないでしょうか。

充実感を得るためには、次の六つの条件が必要だと考えています。

一つ目は、明確な目標があることです。明確な目標がないと具体的に行動できません。

私は、よく、たとえ話として「一番実現できないのは、幸せな家庭だ」と言っています。

もちろん、これはわが家のことではありません。一般論です。

どうして「幸せな家庭」が実現できないのかというと、目標が明確になっていないからです。「幸せな家庭」とは、朝、どのような気持ちで起きて、どのようにあいさつして、どういう朝食を食べて、何と言って家を出るのか、帰宅したら何を語り合うのか、すべてが具体的になっていないと、行動ができないため、実現できなくなってしまいます。

私たちアントレプレナーセンターでは、朝、スタッフたちは、出勤してくると大きな声で「世界を変えに来ました」とあいさつします。私は、それに応えます。

「君が来るのを待っていた。世界を変えるためにコピーを2枚取ってくれ」

「いいんですか、世界を変えても」

「君なら、もちろんいいよ」
「社長、世界を変えてしまいました。コピーを2枚取っちゃったんです」
「よくやってくれた！」

ここで、私たちはハグします。これが私の会社の、コピーを取る時の作法です。すべて何気なくやりません。何気なくやると、つまらないし、疲れます。スタッフは、常に、「社会や世の中に貢献する」という目標に向かって、目の前の仕事に自分なりの「意味」を見いだして取り組みます。そして、限界までがんばることで、仕事を「楽しみ」ます。こういう仕事の仕方をすることによって、具体的な行動ができ、結果、大きな充実感を得ることができます。こうしたことは、イメージが明確化され、共有できているからこそできるのです。

もし、「みんなが明るく元気な会社にしたい」と思うのであれば、まずは目標を明確にする必要があります。朝、社員たちがどのような気持ちで出社してくるのか、どのような表情で、どのような言葉を使ってあいさつするのか、などのイメージを明確化することが大事です。

それは、小説にするとわかりやすいと思います。私は、『理想の会社』（きこ書房）という本を出しましたが、そこでは、社員みんなが、明るく、元気で、楽しみ、充実感にあふれた日々を送っている光景が物語になっています。読むことで、「こういう会社をこのようにつくればいいんだ」「こういう時には、こういう会話をすればいいいんだ」ということが明確にわかります。さらに、究極のサービス、究極のクレーム対応、究極の組織の在り方についても小説にすると、さらにわかりやすくなります。何でもそうですが、目標や夢というものは、いかに明確に描ききるかで、実現できるかどうかが決まります。ですから、社風や、日常使う言葉まで描ききることが大切なのです。

私たちが開催している夢（ドリーム）プラン・プレゼンテーションという大会では、夢がかなった時の光景を、わかりやすい物語にして10分間で伝えます。物語を通して自分が実現したい世界観を伝えるのです。それは、その事業が成功した時に人が幸せになる物語です。それが描ききれれば、何をしたらいいのかが全部見えてきます。

二つ目は、「困難を伴う」ことです。言い換えると、できるかどうかわからない状態にあることです。がんばらない限り乗り越えられない困難や問題があって、そう簡単に目標が実現できそうもない状態、つまり結果が保証されていない状態であることが大事です。

結果が保証されていると全然面白くなく、充実感もありません。結果が保証されていない中で、いろいろなことに挑戦し、諦めずにやっていくから充実感が得られるのです。

そういった意味で、三つ目は「努力」です。壁や困難を乗り越えるためには、情熱を持って努力するしかありません。

そして四つ目は、「諦めない」ことです。「諦めない」とは、結果がわからない中で、努力を継続している時間のことを言います。この「結果が見えない」という状態がとても大事で、それでも努力することによって充実感を得ることができます。

五つ目は「自発性」です。自分自身が、「やりたいと思ってやっているかどうか」です。実はこれがとても大事です。

私の会社では、ビジネス・パーソンを対象に、いろいろなセミナーを開催しています。私は、講義の中で「今日、この会場には、上司や会社の指示で来た人は1人もいません。自分が来たくて来た人しかいません」と話すことがあります。すると、会場にとまどいが広がります。会社から参加するように言われて来たと思っている人は、腑《ふ》に落ちないのでしょう。

しかし、よく考えてみてください。会社や上司は、機会を与えてくれただけです。確かに、会社や上司は「参加しなさい」と命令したかもしれませんが、「はい」と言ったのは自分です。セミナー会場にも、強制的に運ばれてきたわけではなく、自分の意思で歩いてきています。

人は、自分の意思以外で行動することは決してありません。自分自身が「やりたい」と思って行動しています。これを自発性と言います。しかし、無意識でいると、そのことを忘れてしまい、他人や環境に振り回されているような気持ちになります。私は、他人の意思による行動を「他発性」と呼んでいます。自発性は、エネルギーを生み出しますので疲れませんが、他発性はやらされ感につながることから、とても疲れます。充実感を得るためには、自分自身が「やりたい」と思って取り組むことがとても大事なのです。

最後の六つ目は、「仲間」です。「喜びを人に分かつと喜びは2倍になり、苦しみを人に分かつと苦しみは半分になる」（ティートゲ）という名言がありますが、目標に向かって、諦めないで努力する仲間、協力者、支援者、そして一緒に喜び合える人たちがいると充実感はより大きくなります。私は、この大きな充実感を「感動」と呼んでいます。感動を体験した人は、その行為を繰り返したくなります。

人は、無意識でいると安楽の欲求に流されます。しかし、楽になるほど何かつまらなくなってしまいます。なぜなら、人が真に求めているのは充実感だからです。

充実感を得るためには、意識的に「充実の欲求」に基づいて考えようとする必要があります。そのためには、明確な目標、困難、努力、諦めない心、自発性、仲間が必要です。充実感にあふれた生き方をしていくと、本当に楽しくて仕方なく、これからもそういう生き方をしていきたくなります。それがまた、自分で考えて行動することにつながっていくのだと思うのです。

23　手法と姿勢

何かをする時には、必ず手法が必要になります。手法がないと、何も行動できません。ところが、手法には「絶対」「万能」「不変」というものはなく、昨日までうまくいっていた手法が、明日も通用するとは限りません。

では、どうしたらいいのかというと、新しい手法を見つければいいのです。私は、「手法は無限にある」「手法は１００万通りある」と、よく言っていますが、新しい手法は、考えれば考えただけ見つかります。

例えば、今、取り組んでいる仕事があったとします。それをこれまでと同じ手法でやっていこうとすると、世の中の変化についていけず、いつかどこかで行き詰まります。しかし、今までにない新しい手法を見つけていこうとすれば、きっと今の10分の1の労力で10倍の結果を出すこともできるようになると思います。もしかしたら、１００分の１の労力で100倍の結果を出すことだってできるかもしれません。

私は、いろいろな人を応援していますが、その中にはスキー・ジャンプ競技の監督もいます。彼の話をご紹介します。

「飛行姿勢は、どんどん変わっています。それこそ大昔は、スキー板に直立し、手をグルグル回して飛んでいました。競泳の飛び込み時みたいに、両手を頭の前に突き出すスタイルや、両手をまっすぐ伸ばし、脚にピッタリ付けるスタイルもありました。その後、脚を少し開き、スキー板をV字にする現在のスタイルに近くなり、今では手のひらを開いて、さらに揚力を得ようとしています。これから先も、きっとまた新しい飛び方を考えて、世界記録を出し続ける人が出てくるのではないでしょうか」

スキー・ジャンプの記録に限らず、破られない世界記録というものはありません。どのような世界記録も必ず破られます。例えば、現在の100メートル走の世界記録は9秒58です。しかし、私がまだ小さいころ、初めて10秒を切った選手は「神様だ」と言われました。それが、今では、オリンピックや世界選手権では、10秒を切れなければ銅メダルすら取れません。

将来的には、いつか9秒を切る選手も出ると思います。8秒を切る選手も出るでしょう。もしかすると、100年後、1000年後、1万年後には、5秒や1秒を切る選手が出る可能性だってあります。人間は、常に新しいやり方を考え出すことができるからです。それぐらい、これまで人類は不可能を可能にしてきたのです。

このように、私たちは新しい手法を無限に考え出すことができます。私たちは自分自身の中に、無限の知恵とアイデアを持っているのです。

ですから、手法にこだわる必要はありません。大切なのは、「手法」ではなく、自分自身の中にある無限の知恵とアイデアを引き出そうとする「姿勢」なのです。

私は、いかなる環境・条件の中においても、自らの能力と可能性を最大限に発揮して、道を切り開いていこうとする姿勢を「自立型の姿勢」と呼んでいます。

「自立型の姿勢」の人にとって、思いどおりにならない状態は、ピンチではなく、むしろ新しいやり方を見いだすチャンスであり、自分の「出番」となります。この「自立型の姿勢」が、新しい手法を無限に生み出し、充実感をもたらしてくれるのだと思います。

24 自立型姿勢

自立型の姿勢には、二つの特徴があります。一つは、「その人の環境や条件は一切関係ない」こと、もう一つは、「決して諦めず自らの能力と可能性を最大限に発揮して道を切り開いていく」ことです。

すでに、「意識しないと自立型の姿勢になれない」というお話をしましたが、具体的にどう意識すればいいのか考えてみたいと思います。

エピソードをご紹介します。だいぶ前のことです。ある女子大生が私のところに絵を持ってきました。そして「この絵を高く売りたいんです」と言うのです。一見したところ、あまり上手な絵ではなく、子どもでも描けそうな絵でした。なぜ、この絵を高く売りたいと言っているのか疑問に思った私は、彼女に誰が描いたのか尋ねました。すると彼女は、田舎のおばあちゃんに描いてもらったと言うのです。ここから私と彼女との奇妙な会話が始まりました。

「そうか、あなたのおばあさんは絵描きさんなんだね？」

「いいえ、絵を描いてもらったのは初めてです。でも、この絵は、どうしても高く売りたいんです。どうしたら高く売れるのか、いろいろな人に相談したのですが、みんな『福島先生なら高く売れると思うよ』と言うんです。だから、どうしても福島先生にお会いしたくて、多くの人に相談して、ようやく今日お会いできたんです。福島先生、この絵を高い値段で売るにはどうしたらいいですか？」

「そんなの簡単だよ。やり方は100万通りあるよ」

「えー、でも私には思い付かないんです。どうしたらいいんですか？」

「そういう場合はね、付加価値を付ければいいんだよ」

「どういう付加価値ですか？」

「最大の付加価値は人間だよ。そのおばあさんがどんな人生を送ってきたのかヒアリングしてみたらどうかな。それを物語にして、小冊子にまとめて配ってごらん。きっと、『あ、このおばあさんの生き方は、なんて素晴らしいんだ。とても感動した』という人が現れると思うよ。そうしたら、その人に『この絵は、こちらのおばあさんが描いたものですよ』と紹介するんだ。『欲しいです』という人はきっと出てくるよ」

「えー、ほかにもっといい方法はないんですか？」

「あるさ。やり方は１００万通りあるからね。じゃあ、そのおばあさんが描くところをビデオに撮ってみるというのはどうかな。おばあさんが朝早く起き、ご先祖さまに手を合わせ、それからキリリと日の丸の鉢巻きをして真剣に描いているところを映像に撮るんだ。ビデオには、おばあさんが必死の形相で描いている姿や、うまく描けなくて悩んでいる姿も収めるんだ。『こんな思いで描いているんだ』ということが伝わるように撮るのがポイントだよ。このビデオは、絵ができるまでを収めた感動の物語なんだ。このビデオを見た人のうち、『このおばあさん、なんてすごいんだ！』と思ってくれた人は、きっと、おばあさんの絵を買ってくれて、とても大事にしてくれるんじゃないかな。だから、おばあさんの絵を展示する時には、絵の下にモニターを置いて、この絵ができるまでの映像を流し、お客さまが見られるようにしてみたらどうだろう。つまり、メイキングビデオ付きの絵にするんだよ。これなら話題性もあると思うよ」

「えー、ほかにもっといい方法はないんですか？」

私は、不思議に思い始めました。すでにたくさんアイデアを出していたからです。しかし、彼女は「ほかにもっといい方法はないんですか？」としか言いません。私は、「何かおかしい」と感じ、「あなた、本当はこの絵を売りたいと思っていないんじゃないの？」と尋ねました。すると彼女はこう答えました。

「売れたら困るんです」

「なんで？」

「売れない絵だからこそ、私を成功させてくれるんです」

「どういうこと？」

「もし、私が売れそうな絵を持ってきたら、福島先生は、『何もしなくても売れるよ』と言いますよね。でも、簡単に売れる絵なんて、いつも手に入るわけがないじゃないですか。私が入手できるのは、売れるか売れないかわからないような絵ばかりだと思います。ということは、売れるか売れないかわからない絵を売れるようになれば、私は成功するってことですよね。でも、どうしたらそれができるのかわからないので、福島先生みたいに

〝いっちゃっている〟人を訪ね歩いて、アイデアを出してもらっているんです。それを今集めているんです。そして、どんな絵でも売れるようになったら、私は東京の銀座に画廊をオープンしようと思っているんです。絶対、成功すると思いませんか。だって、福島先生、事業というものは、人が諦めてしまうようなことをやって、それで人に喜んでもらえれば絶対成功するんですよね」

すごい考え方だと思いました。彼女は、人が無理だと思うこと、諦めてしまうことをあえて選び、無限の知恵とアイデアを出すことで、新しい手法を見いだそうとしていたのです。まさに手法は無限にあることを実感した出来事でした。

私たちは、自分が置かれている環境や条件に影響を受けているのではなく、実は、自分の考え方に影響を受けているのです。

意識して、「どのような環境に置かれたとしても、決して諦めないで、道を切り開いていこう」と考えることで、自立型の姿勢になれるのだと思います。

25　人間の欲求と社会との関係

人間の欲求には、「安楽の欲求」と「充実の欲求」がありますが、この二つの欲求は、社会と、どのように関係しているのでしょうか。それについて考えてみたいと思います。

私たちは、人や社会に貢献することで、会社の売り上げや収益をあげられ、結果、収入を得ることができます。これが世の中の仕組みです。

では、安楽の欲求に流されるとどうなるのでしょうか。

安楽の欲求に流されると、「できれば責任を負いたくない」「面倒なことはしたくない」「やったことがないことはしたくない」などと考えるようになり、会社やお客さまや環境などに責任を転嫁したり、トラブル処理が遅れたり、自分自身の能力が向上しなかったりします。

さらには、「今日は見たいテレビ番組があるから、仕事をすっぽかして帰ろう」とか「今日はもう面倒くさいから、仕事は明日にして、家に帰って寝よう」などとしてしまうかもしれません。

これでは、社会的な信用は下がり、仕事が回ってこなくなります。そうなると、人や社会に貢献できなくなりますから、収入を得ることが難しくなり、社会で生きていけなくなります。結果、楽に生きていくこともできなくなります。

皮肉な話ですが、このように、楽をして生きていこうとすると、楽ができなくなり、充実した人生も送れなくなるのです。

一方、意識して、自立型の姿勢になり、充実した人生を送ろうとすると、どうなるのかと言うと、すべてが逆になります。

自立型の姿勢になると、「責任感を持ってものごとに取り組もう」「面倒なことにも率先して取り組もう」「やったことのないことにもチャレンジしよう」などと考えるようになり、自己責任の姿勢になったり、トラブル処理も早くなったり、自分の能力が向上したりします。

その結果、社会的な信用は上がり、仕事がどんどん回ってくるようになります。そうなると、ますます人や社会に貢献できるようになりますから、多くの収入が得られ、充実した人生も送れるようになります。

「安楽を求めるのか」「充実を求めるのか」。それを選ぶのは私たちであり、私たちは、意識することで、それを自由に選ぶことができるのだと思います。

26　自立の五つのキーワード

私は、自立型人材を五つのキーワードに分けて考えるようにしています。

一つ目は「自己依存」。これは自分自身に期待する姿勢です。

二つ目は「自己管理」です。自分の持っている力を最大限に発揮する姿勢です。

三つ目は「自己責任」です。自己原因と言うこともあります。これは、根本的原因を自分自身に見いだして、自分の出番を探していく姿勢です。

四つ目は、「自己評価」です。これは、他人の評価や周りの評価に振り回されることなく、常に、一流や本物を目指して改善し続けていく姿勢です。

最後の五つ目は「他者支援」です。他人との関係において、他人に期待するのではなく、自分自身に期待し、他人を信頼して支援する姿勢です。

この五つは、まったく別々の考え方ではなく、関連する考え方です。自立型人材という概念を、わかりやすくするために、便宜上、五つに分けたものです。これから、一つずつ解説していきたいと思います。

27 自己依存

はじめに、自分自身に期待する「自己依存」という考え方についてお話しします。

このような事がありました。その日、私はタクシーに乗ろうと思って、道路の端に出て走って来る空車を探していました。程なく空車がやって来ました。私は、手を挙げ、運転手に視線を向けました。そこには、笑顔で楽しげに運転している運転手さんがいました。しかし、彼の視線は遠くにあり、私の存在には気付いていないようでした。つまり、彼はずっと笑顔で運転していたのです。とても怪しいタクシーでした。

間もなく運転手さんは私に気付き、車を止めました。彼は、運転席からすごい早さで飛び出し、私のほうに走り寄って、満面の笑顔で後部座席のドアを開けてくれました。

「いらっしゃいませ」

そう言い終わると、地面につくのではないかと思うくらい頭を下げ、お辞儀をしました。

この時点で、このタクシーが尋常ではないことに気付きました。シートに座り、前を向くと、目の前に小さな絵がいくつも飾ってありました。そして、目線の位置にはメッセージボードが付けられています。見ると、今日の天気や株価が書かれており、一番下には「私は、このような思いで仕事をさせていただきます」という運転手さんの信念が書かれていました。

運転手さんは、運転席に戻ると、こちらに振り向いて「がんばります！」と言いました。「えっ？」、私は不安になりました。もしかしたら、猛スピードを出すのではないかと思ったのです。「そんなにがんばらなくても、普通に運転してくれれば…」。ところが、走りだしてみると、彼の運転は安全運転そのものでした。カーブも、停車するのではないかと思うほど、ゆっくり曲がっていきます。

「ずいぶん気を使っているんですね」

「いや、まだまだです。運転手の仕事というのは、後部座席のお客さまが片足で立っていらっしゃると思って、そのお客さまに気付かれないように、目的地までお送りすることです。車が動いていることがバレるようじゃ、二流ですよ」

私は窓の外を見ました。外の景色は流れ去っています。どう見ても車は動いていました。車が走っていることは、もうバレています。「面白い運転手さんだなあ」と思い、名刺をもらいました。すると、もう1枚、名刺と同じ大きさのカードをくれました。このカードには、1カ月の出勤予定が、わかりやすいように色鉛筆を使って書いてありました。

聞いてみると、いろいろな絵柄があり、1枚1枚手書きしているようでした。カードの一番下には、携帯電話の番号が書いてあります。ふと、裏面を見ると「表面の出勤日に関係なく出勤します」と書かれてありました。これでは、出勤予定表をつくった意味がありません。疑問に思った私は、運転手さんに「どうしてこのようなものをつくっているのですか？　会社の指示ですか？　マニュアルか何かがあるのですか？」と尋ねました。運転手さんは、「いいえ。会社から指示されてやっているわけではありません。私がこの会社を日本一にしたいからやっているんです。どうしたらお客さまに喜んでいただけるのか、毎日、試行錯誤しています。その中で、実際に喜んでいただけたものがあると、紙に書いてコピーをとり、ほかのドライバーたちに教えています」と答えました。その紙の一番上には、なんと「日本一の会社をつくろう」というメッセージが書いてあるそうです。私はとても感動しました。「この人はすごい人だなあ」と思いました。

誰でも、会社に対して「こうしてほしい」「ああしてほしい」と期待したことがあると思います。しかし、その「期待」の多くは裏切られ、「不満」だけが残ったのではないでしょうか。

「期待」とは「相手を自分の思いどおりにしたい」という願望だと思います。しかし、他人や環境というものは、決して思いどおりにならないため、他人や環境に期待すればするほど、不満となって自分に蓄積されていきます。

不満や愚痴は、自分が他人や環境に期待することで生まれるものですから、自分自身がつくりだしていると言っても過言ではありません。

不満を抱かないようにするには、他人や環境に期待するのではなく、自分自身に期待するようにすればいいのです。他人や環境は気にせず、自分がどうしたいのかだけを考えるようにするのです。そうすれば、「こうしてほしい」「ああしてほしい」という意識は、「こうしたい」「ああしたい」「こんなこともしてみよう」という意識に変わります。

自分がどうしたいのかだけを考えていくと、「どんな会社をつくろうかなあ」「どんな社会をつくろうかなあ」「どんな人生を送ろうかなあ」などと、やりたいことが山ほど見つかり、ワクワクしてきます。自分が主役になれるのです。自分の「出番」です。

同じ会社で、同じ仕事をしていても、不満だらけでイライラしている人もいれば、充実感にあふれ、ワクワクしている人もいます。

これは、自分が、「自分自身に期待」しているのか、「他人や環境に期待」しているのかの違いです。私は、この自分自身に期待する考え方を「自己依存」と呼んでいます。

28 自己管理

次は、自己管理についてお話しします。

私たちは、無意識でいると安楽の欲求に流されてしまいます。そうならないためには、意識的に、なりたい自分になろうとする必要があります。それが「自己管理」です。ここで言う自己管理とは、スケジュール管理といった行動管理のことではなく、意識のコントロールのことを言います。

いまさら白状するのも恐縮ですが、実は、私はダメ人間なのです。例えば、毎朝、目覚ましの音に起こされますが、決まって「あと10分寝ていたいなあ」という欲求にかられます。このままでは、あっけなく二度寝してしまいますので、布団の中で「私は、何のために目が覚めたんだろう？」と考えるようにしています。そして、自分の使命を思い出します。

「そうだ！　私は世界を変えるために目が覚めたんだ」

使命を思い出したところで、隣で寝ている妻に「世界を変えるために目が覚めたよ」と一声かけます。妻は眠そうな目をこすりながら、「お供いたします」と言ってくれます。

「ありがとう。じゃあ、世界を変えるためにビデオを1本見よう」

わが家では、朝、1本のビデオを見ることがあります。それは、NHKの「プロジェクトX〜挑戦者たち〜」です。そして、「風の中のす〜ばる〜」と、元気よく1曲歌います。

玄関で、「さあ、行ってくるよ」と言うと、妻が駆け寄って、「あなた、いったい何をしに行かれるんですか」と言ってくれます。私は、「ありがとう。また忘れてしまうところだった、世界を変えに行ってくるんだよ」と答えます。妻は、「あなた、今日一日が勝負ですよ」と確認してくれます。私は、「ありがとう。じゃあ、行ってくるよ」と答えるのです。

もちろん、毎日こんなややこしいことをしているわけではありません。しかし、このようにしないと、ややもすれば「何のために仕事をするのか」を忘れてしまうのです。私は、「世界を夢と勇気と笑顔でいっぱいにする」ために仕事をしているのですが、無意識でいると、こんな大事なことを忘れて、「早く帰りたいなあ」などと考えてしまいます。

「自己管理」とは、自分のモチベーションを高める、セルフ・コントロールのことです。わかりやすく言うと、大切な「夢」や「目標」や「仕事をする意味」を忘れないようにすることです。

忘れてはダメだと言っているのではありません。人間ですから、忘れても仕方ありません。私は、よく「忘れない努力を忘れない」と言っていますが、「忘れないようにする努力」を忘れてはいけないと思うのです。

私は、人間が持っている能力や可能性に違いはないと思っています。それでは、なぜ、何かを成し遂げられる人と、そうではない人がいるのでしょうか。両者の違いはどこにあるのでしょうか。私は、それが「自己管理」だと思うのです。

私は、自分が仕事をする意義や目的を忘れないように、目指している「自分像」を10カ条にしています。私の10カ条は次の通りです。

第1条　まずは私がやる、先頭に立つ
第2条　ピンチはチャンス、前向きな言葉のみを使う
第3条　問題あるところに生きがいを見出す
第4条　手法は100万通り、あきらめない
第5条　何気なくやらない、人類のためにやる
第6条　人を信じ、夢を信じる
第7条　最大の困難に、笑顔で挑む
第8条　他人とは、感謝で付き合う
第9条　人生のすべてを楽しむ
第10条　最大の報酬は、感動の涙

私たちの会社では、みんな、それぞれ10カ条をつくっています。これを自分で確認することで、何気なく行動しないようにしています。常に、夢や目標やなりたい自分を意識し

ています。このようにして、一つひとつの仕事に、きちんと意味づけをして取り組んでいきます。具体的には、名刺の裏に書いたり、パソコンの画面に表示したり、毎朝、繰り返し声に出して確認したり、人に会う前に音読したりしています。毎日、何回も自己管理することが大事です。

私は、特にダメ人間だと思うので、夢や目標やなりたい自分について、人に話すようにしています。話すことで、自分がやらざるを得ない環境をつくっているのです。

いろいろお話ししてきましたが、大切なことは、何気なく過ごすのではなく、夢や目標や理想の自分像といったものを常に「意識」することです。そして、それらを忘れないようにするために、いろいろな方法を考え、自分が持っている力を最大限発揮することです。この「忘れない努力を忘れない」という考え方を、私は「自己管理」と呼んでいます。

29 自己責任

次に「自己責任」についてお話しします。私は、「自己原因」とも言っています。これは、根本的な原因を自分自身に見いだし、自分の「出番」をつくって、解決していこうとする姿勢です。

私たちは、無意識でいると、つい他人や環境のせいにしがちです。そのほうが楽だからです。しかし、他人のせいにすればするほど、問題は解決できなくなってしまいます。私は、「他人のせいにした問題は解決できない」という言い方をしています。一つ、エピソードをご紹介します。

私の知り合いに、大手企業で働く営業マンがいます。ある時、お客さまに納品した商品や技術が、トラブルを引き起こし、お客さまに大変な損害を与えてしまいました。

技術担当者は、使用方法をきちんと教えていたと言いましたが、最終的にどちらにトラブルの根本的原因があるのかはわからない状態でした。お客さまが、「とにかく1回来てくれ」と言うので、営業担当者と技術担当者が伺って、相手企業のトップを交えて話し合いをすることになりました。

ところが、開口一番、技術担当者たちは「私たちは、きちんと使い方をお教えしました。ですから、トラブルの原因はお客さまの操作ミスにあったのではないでしょうか」と切り出してしまいました。トップの表情が一変しました。まだトラブルの原因が明確になっていない状態にもかかわらず、一方的に「自分たちは悪くない。悪いのはそちらでしょう」と言われたようなものですから、怒り心頭に発するのも無理ないことです。

トップが怒鳴ろうとしたその時、一瞬早く、営業マンの彼が大声で怒鳴り出しました。

「ふざけるな！　このトラブルの原因は、われわれにあるんだ。われわれに責任があるのに、なぜそんなことを言うんだ。言い訳みたいなことは絶対に言うな！」

これを聞いたトップは、言おうとしていた言葉を飲み込みました。そして、彼に興味を持ちました。「この営業マンはいったい何者なんだろう」。

営業マンの彼は、深々と頭を下げ、「どうしてこうなったのか、詳しい原因はまだわかりませんが、すべての責任はわれわれにあります」と言い切りました。

トップは口を開きました。しかしトップの言葉は、責任を追及する言葉でもなく、怒りの言葉でもありませんでした。トップは、「あなたが窓口になって、今後も仕事をしてくれるのなら、われわれはこの問題に対して、力を合わせて一緒に解決していきたい」とだけ言いました。「この営業マンは信頼できる」と思ったのです。こうして、その問題は見事に解決しました。

私は、その彼とも、そのトップの人ともお会いしたことがあります。飲食をともにさせていただいたこともあります。その際、そのトップが本心から彼を信頼していることがよくわかりました。会社の信頼というものは、結局、働いている人たちの信頼そのものなのだということがあらためて実感できました。

人のせいにするのは簡単です。その場その場で、いくらでも人のせいにすることができます。ある意味、人間はすごいもので、どこにでも原因をつくれ、誰のせいにでもできるのです。

しかし、どこに原因をつくるのかで、次の自分の言葉、行動、結果はまったく違ったものになります。

例えば、やる気のない社員がいたとします。その原因を他人や環境に見いだそうとすると、「学校教育のせいだ」とか「子どもの育て方を間違えた親のせいだ」とか「生まれ持った、本人の資質の問題だ」などと、いくらでも原因をつくれます。しかし、そのようなことをいくらやっても、結果、何も問題は解決しません。

ところが、原因を自分に見いだそうとすると、「自分が強いリーダーシップを身に付ければいいんだ」「自分が、やる気を引き出せる上司になればいいんだ」というように、何をしたらいいのかが見えてきます。原因を他人や環境に見いだすのと、自分に見いだすのとでは、結果が明らかに違うのです。

私たちは、自分自身に原因を見いだすことで、自分がどうしたらいいのかがわかり、どのように問題を解決したらいいのかも見えてきます。それによって、自分の「出番」をつくることができるのです。

「自己責任」とは、自分の出番をつくり、問題を解決していく姿勢だと思います。そういう意味で「自己責任」は、前向きな考え方だと捉えてもいいのではないでしょうか。

30 自己評価

「自己評価」についてお話しします。これは、本物、一流を目指してとことん努力し続ける姿勢を言います。メジャーリーガーのイチロー選手は、そのお手本と言ってもいいでしょう。彼は、とても自己評価がしっかりできている人だと思います。

イチロー選手は、メジャーリーグで、ただ一人10年連続200本安打という偉業を成し遂げました。彼は、その記録について「楽して打てた安打なんて1本もない。打てて当然と思ったことなんて一度もない」とコメントしています。

イチロー選手は、すべての球に対して、思いどおりバット・コントロールができることを目指しています。その目標に向かって、常に、試行錯誤しているのです。

試合前の規則的な準備運動を見ると、イチロー選手は独自のルーティンをかたくなに守って、精密機械のように同じことを繰り返しているかのように思われますが、決してそうではありません。そうではないことは、彼の「遠回りすることが一番の近道だと信じている」「ムダなことは結局ムダじゃない」「合理的な考え方はすごくきらいです」というコメントにもよく表れています。

メジャーリーグでは、イチロー選手ぐらいになると、徹底的にマークされ、研究し尽くされます。今年、好成績をあげられても、同じやり方を繰り返したら、来年、好成績をあげられなくなってしまいます。ですから、イチロー選手は、常に、昨日の自分を超え続けていかなければならないのです。

次は、かつてゴルフ界で大活躍したある選手の話です。彼は、現役を引退した後も毎日練習場に通っていたと言います。そして、毎日のように「そうか、わかったぞ。こう打てばいいんだ」と言って、成長していることを楽しんでいたそうです。この状態が、まさに「自己評価」です。

完璧な人間なんていません。むしろ、そうあってはならないのかもしれません。完璧ではないからこそ、できないことをできるように努力したり、わからないことを解明しようと夢中で研究したりすることができます。そうだからこそ、常に、気付きと学びの毎日を送ることができるのだと思います。

「自己評価」とは、本物、一流を目指して無限に努力と挑戦をし続けていく姿勢です。「うまくいかなかったら、うまくいくような方法を考える」「うまくいったら、もっとうまくいく方法を考える」、こういう姿勢です。周りに振り回されず、たとえ周りがどんなに評価してくれたとしても、安心することなく挑戦し続けていく姿勢です。

このような人生が自己評価の人生なのだと思います。そこには、毎日、気付きと学びと成長というプレゼントが用意されています。

31 他者支援

最後は「他者支援」です。他者支援とは、他人との関係において、「他人」が何かしてくれるのを期待するのではなく、「自分」から他人を信頼して、とことん支援していく自立型の姿勢を言います。

このような話があります。熊本県に黒川温泉という温泉町があります。ここは、熊本県と大分県の県境にある山間の小さな温泉町です。私は、この温泉町に何度も行ったことがありますが、何度訪れても感動する素晴らしいところです。数カ月先まで予約がいっぱい入っており、九州でも大人気の温泉町です。

黒川温泉が有名になったのは、「露天風呂巡り」という仕組みでした。これは、どこの宿に泊まっても、1枚1300円の「入湯手形」を購入すれば、ほかの旅館の露天風呂に、

3軒まで自由に入れるというものです。

この仕組みができたのには、ある理由がありました。

黒川温泉は、かつて交通の便が悪く、湯治客中心のひなびた療養温泉地でした。しかし、九州横断道路（やまなみハイウエー）が開通すると状況は一変。客層は変わり、客数も増え、黒川温泉の旅館は、次々に観光旅館へと増改築していきました。

ところが、ハイウエーの効果は一時的でした。客数はどんどん減っていき、どん底の時には、1カ月の売り上げが数万円しかなく、パート代も支払うことができない旅館もあったと言います。それほどお客さまが来なくなってしまいました。

旅館は、少ないお客さまの奪い合いを繰り広げました。町中が旅館の看板だらけになり、ついには街道沿いまでズラリと看板が並ぶようになりました。当然、景観は悪くなり、ますますお客さまの足は遠のきました。

ついに、ある旅館の主人が立ち上がります。「競争はもうやめよう。ここは小さな温泉宿の町なんだから、みんなで助け合い、力を出し合って、昔ながらの風情のある温泉町にしよう」と提案しました。しかし、「看板の撤去費はどうするのか」「どうやって集客するのか」という具体策がなかったため、みんなに賛同してもらえませんでした。

その後、各旅館は、なんとかお客さまを呼び込もうと必死に試行錯誤しましたが、どれもうまくいきません。

やがて、一つの旅館がマスコミから脚光を浴びるようになりました。みんなに看板の撤去を呼びかけたあの旅館です。ここの主人は、全国の温泉地や観光地を訪ね歩き、旅行者の声に耳を傾け続けたと言います。そして、結局、旅人が癒やしとくつろぎを求めていることを知ったのです。

主人は、「お風呂に魅力がなければお客さまは来ない」と確信し、一念発起、ノミを片手に、たった一人で敷地内の岩山を掘り始め、数年かけて幻想的な洞窟風呂を造りあげました。それがマスコミに取り上げられて、人気に火がついたのです。

この旅館では、樹木の配置にも気を配り、自然に抱かれているかのようなくつろぎを演出しています。料理をいろりで食べることもでき、山間の温泉宿ならではの、ひなびた雰囲気を醸し出しています。

やがて、周りの旅館の経営者たちは、「一緒にやっていきたい」と、教えを請うようになりました。この主人は、彼らに、自分が培った露天風呂づくりのノウハウや植林の仕方などを惜しげもなくすべて教えました。ついには、この主人の考え方に否定的だった旅館も、「みんなで助け合い、力を出し合って一緒にやっていこう」と言ってくれるようになりました。たった一人で始めた挑戦が、町全体を変えたのです。

みんなで露天風呂を造り、「露天風呂の黒川温泉」としてアピールしていこうという話になりました。町が、あたかも一つの旅館であるかのようなイメージをつくろうとしたのです。協力者はどんどん増えていきました。

しかし、立地や施設の関係で、どうしても露天風呂を造れない旅館が2軒ありました。このままでは、「露天風呂の黒川温泉」としてアピールできません。そこでどうしたかと言うと、なんと、町のすべての旅館が協力して、この2軒の旅館に泊まったお客さまには、すべての旅館の露天風呂を利用できるようにしたのです。こうすれば、この町に来たお客さまは、みんな露天風呂に入ることができます。

こうして、どこの旅館に泊まっても、ほかの旅館の露天風呂に自由に入れる「露天風呂巡り」という仕組みができたのです。

私は、いつもレンタカーでこの町を訪れるのですが、こんな体験をしたことがあります。

町には、小さな町営の駐車場がいくつかあります。その小さな駐車場に車を止めた時のことです。たまたま地元の人が通りかかりました。「どちらの旅館にお泊まりですか」と聞かれたので、「どこどこの旅館です」と答えたところ、「それならこちらです。どうぞ一緒にいらしてください」と言うと、私たち4人分の荷物を持って、その宿まで案内してくれました。

私は、てっきり、この宿の人だと思っていましたが、そうではありませんでした。その人は荷物を下ろした途端、「じゃあ、私はこれで」と言って、どこかへ行ってしまったのです。「あれっ、どこへ行くんだろう？」。疑問に思った私は、宿の人に「あの人はどこの人ですか」と聞いてみました。すると、「あの人は、3軒隣の旅館の従業員さんですよ」と言うのです。その時は、びっくりするとともに、とても感動しました。

この温泉町の素晴らしさは、「街全体が一つの宿、通りは廊下、旅館は客室」というコンセプトが徹底していることです。どこの宿に泊まろうが、みんなこの町のお客さまなのです。ですから、町を歩いていると、みんなが「いらっしゃいませ」「こんにちは」と声をかけてくれます。どこの宿に泊まっているのかは関係ありません。

この町の徹底ぶりは、カラーリングにも見て取れます。黒川温泉という名前にちなみ、町の基調カラーは黒です。旅館は黒を基調にし、自動販売機も真っ黒に塗ってありました。みんなが助け合って、町づくりをしていることは、どこを見てもわかります。

黒川温泉のケースでは、洞窟風呂を造ったご主人が、周りの旅館にすべてのノウハウを教えたことをきっかけに、露天風呂巡りという仕組みができました。そして、みんなが「ほかの宿のために、何ができるのか」を考えるようになっていき、町全体が活性化したのです。

私は、人間関係においては、一つの大きな法則があると思っています。それは、「自分が相手にしたことが自分に返ってくる」という法則です。これは、「ミラー効果」とか「鏡の法則」などとも言われています。つまり、過去、自分が周りの人たちに、どのようにかかわって、どのようなことをしてきたかが、全部自分に返ってくるのです。

仕事も人間関係ですから同じ法則が働きます。もし、周りが自分を助けてくれないとしたら、それは自分が周りを助けてこなかったからです。周りから応援され、助けてもらおうと思うなら、まず自分が周りを応援し、周りを助けることです。それをどれだけやっているかで、周りが自分を助けてくれるかどうかが決まります。

もう一つエピソードをお話しします。私は、全国で経営者向けのセミナーを開催していますが、その際、必ず一つ提案することにしています。これをすることで、セミナーに参加している人の事業の成功率がまったく変わってきます。

例えば、定員100名のセミナーがあったとします。そこに参加するにあたって、事前に「このセミナーには、自分の夢をかなえるためではなく、ほかの経営者の夢をかなえ、成功させるために来てください。自分がほかの経営者のためにどんな応援ができるのかを考えながら参加してください」という提案をします。すると、次のような会話が、会場のいたるところでなされるようになります。

「○○さん、私は、こういうことを知っているので、何でも聞いてください」
「こういう人と知り合いだから、よかったら紹介しますよ」
「こういうアイデアを思い付きました。よかったら使ってください」

このように、セミナーに参加した経営者は、自分以外の99人から応援してもらえることになります。もちろん、応援してもらった経営者も、自分以外の99人を応援します。その結果、どういうことになるのかと言うと、各自が持っている経営資源の共有化が行われるのです。

人は、誰しも、強みと弱み、長所と短所を持っています。しかし、お互いに相手を支援しようとすると、このデコボコした長所と短所などが、まるでジグソーパズルのようにかみ合っていきます。私は、欠点というものは、他人とつながるため、応援し合うためにあるのだと思います。

人は、自分一人で何かをやろうとしても、欠点がいっぱいあるために、なかなかうまくできません。しかし、もし自分にないものを周りから集められるようになれば、できなかったことが、スピーディーに、何でもできるようになります。

では、どうしたらそれができるようになるのでしょうか。それは、「自分が、ほかの人のために何ができるのかをいつも考える」ようにすることだと思います。飲み会でも、交流会でも、どこでも人が集まる場所に行く時は、常に、自分がほかの人のために何ができるのかを考えながら人と会うようにするのです。こういう意識を持って人と会っていると、必ず周りの人たちは、あなたのために何ができるのかを考えて、応援してくれるようになります。

そして、こういう意識を持って人が集まった時、そこにいる人全員の夢がかなっていくのではないかと思うのです。人に会うのは相手のためです。だからこそ、自分のためにもなるのだと思います。

「人」という字は、支え合っている2本の棒から成り立っているという説があります。人は、支え合うことで、応援し合うことで、みんなの夢がかない、ハッピーになることができます。実は、欠点までもが、助け合うために必要なものだったのです。ですから、人は何でもできると思うのです。

このように考えていくと、むしろ欠点がある人が集まれば集まるほど、最高に素晴らしい相互支援の関係ができるのではないかと思います。

他者支援とは、「他人」が何かしてくれるのを期待するのではなく、「自分」から他人を信頼して、とことん支援していく自立型の姿勢のことです。そういうかかわり合いをしていけば、素晴らしい人間関係ができていくと思うのです。

人のために何ができるのか

32 プラス受信

自立型の姿勢は、五つのキーワードに分けることができるという話を前にしましたが、実は、その前提になるものがもう一つあります。それがプラス受信です。

私たちは、普通に生活をしていても、何かしらの問題と出合ってしまいます。思いどおりにならないことも起こります。それを避けることはできません。

しかし、その問題をどう受け止めるのかは、実は自由なのです。それをピンチと捉えるのか、チャンスと捉えるのか、客観的な判断基準はありません。私たちが好きなように決めていいのです。

プラス受信とは、起こった問題を前向きに受け止め、問題が現実に起こっていることを前提条件にして、どうしたら問題を解決できるのか、どうしたらその問題を成長の糧にできるのか、どうしたらその後の展開につなげられるのか、という自立型の姿勢を言います。

知り合いの人が体験したエピソードをお話しします。家族旅行で沖縄に行った時のことです。たまたま帰る日に台風が来て、飛行機が全便欠航になり、帰れなくなってしまいました。しかも、その翌日も飛行機は飛びません。

沖縄は、比較的台風への備えができている地域ですが、ひどい暴風雨のため、ホテルは宿泊客に「外は大変危険ですから、ホテルから一歩も出ないでください」とアナウンスしました。

この大きなアクシデントに、宿泊客たちは困惑し、イライラしたり、ガッカリしたりしました。ところが、私の知人はそうではありませんでした。なんと、その人はこのアクシデントをチャンスと捉えたのです。

「みんな、このホテルから一歩も出られなくなったということは、考えようによっては大きなチャンスかもしれない」

彼は、すぐに企画書を書き、フロントでコピーを取って、各部屋に投げ込んでいきました。その紙には、「みなさん、今日と明日はホテルから一歩も出られません。でも、せっかくの機会ですから、みんなで集まって交流会をやりませんか。会議室を一つホテルが無料で提供してくれたので、ぜひ参加してください」と書きました。

せっかくリゾートに来たのに、一歩も外に出られないこともあって、宿泊客の約7割が交流会に顔を出してくれたそうです。その中で、彼は自分のビジネスのお客さまを2人見つけることができたと言います。それ以降、彼は「あれはチャンスだ」と言って、毎年、台風の進路に合わせて、沖縄に家族旅行に行っているそうです。

台風自体は、大きな被害をもたらすことがあるので、それをビジネス・チャンスにすることがいいとは思いませんが、台風というアクシデントをチャンスに変えてしまった彼の姿勢には、大変びっくりしたものです。

アクシデントやトラブルは、なければないに越したことはありません。しかし、いくら避けようとしても、生活をしていれば何かしらの問題に出合ってしまうものです。ですから、大切なことは、問題が起きたことを問題として捉えるのではなく、その問題をどう受け止めて、次にどう生かしていくかだと思うのです。

不思議なことに、「チャンスにしよう」「次に生かそう」と思えば、どんな問題も必ずチャンスにすることができます。そのためには、大事なことがあります。それは、「何か問題が起きたら、最初にチャンスかピンチかを決めてしまう」ということです。

私たちの会社では、何か問題が起きると、とにかく「チャンス！」「チャンス！」と言います。たまに「何のチャンスですか」と聞かれることがありますが、チャンスと言っている私にもわからないことが多々あります。しかし、そのような時は「まだ何のチャンスか私にもわからないけれど、必ずチャンスにしたいと思う。そう考えたら、きっとどんなことでもチャンスになるはずだ。だって、その方法は無限にあるのだから」と言うようにしています。

人は、無意識でいると、アクシデントやトラブルといった「問題」をつい「ピンチ」と、捉えてしまいます。そうなると、「問題」は「ピンチ」であり、それは「いやなこと」と考えてしまい、モチベーションが低下し、身動きができなくなってしまいます。

しかも、問題をピンチと捉えてしまうと、うまく解決できなくなることから、他人や環境のせいにしたり、他人や環境に期待して「こうしてほしい」「ああしてほしい」と要求したりするようになります。しかし、結局、他人や環境は変えられないため、思いどおりにいかず、ストレスになってしまいます。

ところが、問題をプラス受信で捉えれば、「問題」は「チャンス」になり、そこに自分が活躍できる舞台を見つけることができるのです。それができれば、前にお話しした「自己責任」の姿勢になり、自分から行動して解決していくことができるようになると思います。

ですから、最初に「ピンチと捉えるのかチャンスと捉えるのか」がとても大事になるのです。それによって、依存型の姿勢になってしまうのか、自立型の姿勢になれるのかが決まります。

このように、「プラス受信」は、自立型の姿勢の入り口になることから、五つのキーワードの前提になる最も大切なキーワードではないかと思うのです。

33　相互依存から相互支援へ

私たちは、無意識でいると、つい楽をしたいという「安楽の欲求」に流されてしまいます。そうなると、「責任を負うこと」「面倒なこと」「やったことがないこと」などを避けるようになり、他人や周りの環境に対して「こうしてほしい」「ああしてほしい」と要求ばかりするようになります。この状態を「依存型」の姿勢と言い、これが自己中心的な言動を引き起こします。

では、依存型の姿勢のまま、人が集まるとどういうことになるのでしょうか。お互いに要求するだけですから、当然、要求がぶつかり合って、けんかになったり、意見がまとまらず何もできなくなったりしてしまうと思います。私は、このようにお互いに依存し合う関係を「相互依存の関係」と呼んでいます。これでは、信頼関係は築けず、最高のチームはつくれません。前向きに何かを創造することもできません。そうならないためにはどうしたらいいのでしょうか。

このような話があります。私は、以前、「講演をしてください」と頼まれて、ある会社でお話をしたことがあります。そこは、従業員が20〜30人程度の小さな会社でしたが、最高のチームをつくっていました。

講演後の懇親会でのことです。そこで、私はとても感動的な光景を目にしました。みなさんに自己紹介をしてもらうことになっていましたが、なんと、一人ひとりが、自己紹介ではなく他己紹介をし始めたのです。それがとても素晴らしいのです。その人のいいところを紹介するだけではなく、その人から学んだこと、気付いたこと、その人のおかげで自分の人生が変わったことを、みんなが、涙を流しながら紹介してくれるのです。私は、この従業員たちの姿を見て、心の震えが止まりませんでした。「この会社は、本当に最高のチームになっているんだなあ」と思いました。

みんなが、自分のことを語るよりも、「仲間たちへの感謝の気持ちを語りたい」と言って、仲間たちのことを紹介し、感謝の言葉を伝えているのです。このような他己紹介は、見たことがありませんでした。「このチームの力はすごいなあ」と思ったものです。

このようなチームは、無意識につくることはできません。無意識でいると、どうしても依存型の姿勢になってしまいます。

信頼関係のある最高のチームというものは、集まった人たちが、他者支援を意識するからこそできるのだと思います。みんなが、「自分から相手を信頼し、自分が相手のために何ができるのかを考え、相手をとことん支援しよう」と意識するからこそできるのです。私は、このように「他者支援」を意識した人が集まった状態を、「相互支援の関係」と呼んでいます。

最高のチームになっているかどうかは、チームを見ればすぐにわかります。最高のチームは、何かにつけ、仲間をたたえたり、仲間への感謝の気持ちを伝え合ったり、仲間を思いやり誕生会を催したりします。飲み会などでは、上司は部下の自慢話をし、部下は上司の自慢話をします。みんなが、仲間のために何か役に立てることはないだろうかと探し回っています。常に、最高のチームをつくろうと「意識」しているからこそできることです。

一方、そうでないチームは、みんなが自己中心的なので、飲み会などでは、仲間同士で不満を言い合ったり、上司が部下の不満を言ったり、部下が上司の不満を言ったりしてしまいます。みんなが「最高のチームをつくろう」と、本気で「意識」していないからこうなってしまうのです。

無意識のままでは、最高のチームをつくることはできません。集まったみんなが、「他者支援」を「意識」することで、初めて「相互支援の関係」ができ、最高のチームができるのです。

人は、信頼関係がある仲間と一緒にいる時、最もモチベーションが高くなります。

そして、私たちは、尊敬できる仲間や信頼できる仲間がいると、耐えられない苦しみというものがなくなります。一人でいると、どうしてもつらくなってしまうことがありますが、信頼できる仲間と一緒なら、どんなつらいこともはね返す無限の力が湧いてくるのです。相互支援の関係によって、それができるのだと思います。

34 企業理念

企業理念とは、その企業が何のために存在し、何を大切にし、何を目指しているのかをまとめたものです。

私は、「目指す理想像（ビジョン）」「大切にしたい価値観」「経営方針」「行動基準」などをまとめて「企業理念」と呼んでいます。

企業理念は、企業の存在価値そのものであり、社会の未来につながるものでもあり、人が働く理由そのものでもあると思います。

企業は、企業理念に基づき、何を柱にして、どういう仕事をして、どういうサービスや商品を提供していくのかを考えます。さらに、それをみんなで実践するための方法や計画も、企業理念に基づいて考えていきます。

ですから、企業にとって最も大事なことは、企業が成長することでも、もうかることでもなく、企業理念をどれだけ実践できているかだと思うのです。

私は、「企業理念を実践すること」（企業理念を現実化すること）が「仕事」だと考えています。企業理念を実践することを通して、私たちは、社会における自分の存在価値をつくっているのだと思います。

企業理念には六つの条件が必要です。

一つ目は、社会性です。

・世の中にどういう価値をもたらしていくのか
・どうやって人を笑顔にしていくのか
・どうやって人を幸せにしていくのか
・企業の存在が人や社会にとってどのような意味があるのか

これらは、その企業独自のものであれば、たとえ大まかであってもかまいません。しかし、必ず人や社会に貢献するという社会性がなければなりません。

二つ目は、共感性です。企業は、株主、従業員、取引先、地域社会など、多くの人に支えられて成り立っています。企業にとって、支援してくれる人たちは、企業理念の共感者であり、その共感者によって、企業理念は現実化されます。ですから、企業理念は、支援してくれる多くの人たちの共感を呼び、「一緒にやりたい」と思ってもらえるものでなければなりません。

共感してもらうためには、伝えるテクニックも必要です。人は、具体的にイメージできた時に、初めて共感します。企業理念も、その社会性がイメージできるようにすると、より多くの人の共感が得られるようになります。例えば、「私たちの企業は、こういう人を、このようにして、笑顔にすることができます」というように、物語にして伝えることが大切です。

三つ目は、独自性です。その企業独自のものであるということです。ほかの会社とまったく同じではなく、その企業独自の、いわば「こだわり」があるということです。それが、「いい」か「悪い」かではなく、その企業がどこにこだわって取り組んでいるのかが、わかるようにすることが大事です。

四つ目は、困難性です。簡単に達成できない、理想とも思えるものを理念にすることも必要です。まさに「できたらいいな」というものです。もしかしたら、永遠に達成できないかもしれないぐらいのものでもいいと思います。

目標が高ければ高いほど、それに向けて日々努力するようになります。より良いものに改善したり、新しい商品やサービスを開発したりするようになります。

企業理念は、100%現実化することはできなくても、1%現実化する努力は、いつでもどこでもできます。常に、最終的な理想に向けて、改善していく姿勢が大事なのです。そういった意味で、簡単にできない理念にすることも必要だと思います。

五つ目は、絶対性です。企業理念が絶対的な価値、絶対的な基準になっている必要があります。

社長の仕事は、誰よりも企業理念を守ること、そしてそれを実践することです。しかし、実務をしている働く人たちは、どうしても目の前のことに対応せざるを得ないため、忘れてしまいがちです。そのような時に、どうやって仕事をしていったらいいのか指し示してくれるのが企業理念です。ですから、企業理念は、企業において、社長よりも、利益よりも優先する絶対的な価値、絶対的な基準でなければならないのです。

見方を変えると、絶対的な基準が社員一人ひとりの心の中にあれば、社長と同じように、誰もが迷わず仕事ができるということになります。

六つ目は、普遍性です。すべての仕事は、企業理念の現実化につながっています。ですから、電話を1本取るにしても、コピーを1枚取るにしても、どんなささいな仕事でも、すべてが企業理念に基づいた素晴らしい仕事になっていなければいけません。普遍性が求められるのです。

私は、これら六つの条件が、企業理念に必要な要素だと考えています。

さらに、企業理念は、つくって終わりというものではなく、一人ひとりの心の中に深く浸透する努力をし続けることが大切です。

例えば、普段のミーティングにおいて、「この問題は、企業理念に基づくと、こうすべきだよね」というように、常に、企業理念という言葉が社員間で交わされ、企業理念が判断基準や行動基準になって、みんなが行動を修正していく、そういうことが日常的に行われるように努力する必要があるのです。

そのためには、制度や仕組みも大事だと思います。よく「どうすれば企業理念が浸透するのですか」と聞かれることがありますが、私は、いつも次のように答えています。

「企業理念を浸透させる方法は、企業理念が浸透するまで、ありとあらゆることをやるしかありません。これとこれをやれば企業理念が浸透するというようなものではないのです。ありとあらゆることをやるしかないんです」

例えば、会議の際には、必ず「このテーマについて、企業理念に基づいて考えるようにしよう」と宣言してから議論を始めるようにしたり、企業理念を書いた社員手帳をつくったり、社員が目にする壁という壁に企業理念を書いた紙を掲示したりするのもいいでしょう。イベントなどで使うTシャツやキャップに企業理念を入れるのもいいかもしれません。お客さまに配布するパンフレットや資料にも、「これが私たちの企業理念です」と、どんどん打ち出してもいいと思います。

もし、いろいろなことをしても企業理念が浸透できていないとすると、それは、まだまだ浸透させる努力が足りないだけだと思います。

以前こんなことがありました。ある社長さんとの話です。


「福島さん、何度言って聞かせても企業理念が浸透しないんです」

「どのくらい企業理念を社員に語ったんですか？」

「100回ぐらい語りました」

「えっ、毎日100回語っているんですか？」

「いやいや、今までで100回です」

「じゃあ、1日100回語ってみてください。そうしたらきっと浸透しますよ」


企業理念というものは、面白いことに、「浸透させるんだ！」という思いの強さに比例して浸透していきます。その思いに見合った企画やアイデアが出てきます。企業理念を浸透させるのは、簡単ではありませんが、努力をし続けさえすれば、必ず浸透するものだと思います。

最後に、浸透させるためのアイデアをいくつかご紹介しましょう。

・会社のじゅうたんに企業理念を入れる
・電話を受けたら、必ず企業理念とともに社名を言うようにする
・全社員の名刺に企業理念を刷り込む
・自己紹介をする時は、まず企業理念の紹介からする
・電話を保留した際は、企業理念のメッセージが流れるようにする
・留守番電話では、最初に企業理念のメッセージが流れるようにする
・企業理念を歌詞にした社歌をつくり、それに合わせて理念体操をする
・企業理念の日をつくってみんなで祝う
・企業理念に基づいて行動した社員の事例集をつくって配布する
・全社員参加の企業理念ディスカッションを毎月開催する
・最も企業理念を実践した社員を、毎年、理念大賞として表彰する
・自分の企業理念実践計画を全社員が作成する
・会社のトイレットペーパーに企業理念を印刷する
・会議の終わりには、必ず企業理念に基づいて判断できているか確認する

・定期的に企業理念実践キャンペーンを開催する
・会社のホームページのトップに企業理念をドンと打ち出す
・全社員の自宅に、毎年、企業理念を書いた年賀状を送る
・企業理念に基づいた感動ムービーを制作してお客さまに配布する
・企業理念を言わないと会社のドアが開かないようにする
・コピーを取ると企業理念が自動的に用紙の右下に印刷されるようにする
・企業理念を浸透させる専門の課を設ける

方法は無限にあります。できることをやり続ければいいのです。そうすれば必ず企業理念は浸透すると思います。

35　口コミとリピーター

企業活動とは、企業理念に基づいて、価値と感動を提供し、お客さまを幸せにしていく活動だというお話を前にしましたが、ここでは、お客さまを幸せにすると、いったいどういうことが起こるのかについてお話ししたいと思います。

面白いことに、人はすごく楽しかったことや、うれしかったことがあると、自分自身が「また来たい」（リピーター）と思うだけでなく、その感動や思いを誰かに伝えて共有したいと思うようになります。これが口コミとなって広まり、紹介された人が来店するきっかけになります。

この口コミやリピーターは、事業において、奇跡をもたらします。なんと、口コミとリピーターによって、１カ月後には世界一の会社をつくることだって可能になるのです。

ここに新しいお店がオープンしたとします。そのお店に1人のお客さまが来店し、とても感動し、「また来たいなあ」と思ったとします。

感動した人は、家に帰って、「今日、こんなお店に行ってみたんだけど、そこではこんな商品を売っていて、こんなサービスをしてくれたんだ。とっても感動したよ」と、家族や友達に伝えます。

すると、それを聞いた家族や友達は、「私も、一度そこに行ってみたいから、連れてって」と言います。あくまでも単純計算ですが、最初のお客さまが翌日、1人の友達を連れて再来店したとすると、2日目は、2人のお客さまが来てくれたことになります。1人のお客さまが1000円の商品を買ってくださったら、2000円の売り上げになる計算です。

このロコミとリピーターによる来店が3日目以降も続いたとしたら、どういうことになるのでしょうか。それぞれが家に帰って、友達や仲間に伝えて、それぞれがロコミで仲間を1人連れてきたとすると、3日目は4人になります。この計算でいけば、4日目は8人になり、28日目には1億3000万人を超えてしまいます。つまり日本人全員が来店する計算です。そして、31日目には10億人を突破し、33日目からは、地球上の人類だけでは足りず、宇宙から風変わりなお客さまが来店されることになります。

もし、お客さまが1人1000円のものを買ってくださったとすると、売上高は、31日目だけでも1兆円を超し、世界一の企業になってしまいます。


これは、あくまでも計算上のことですが、この考え方の根底には、とても重要な、事業のポイントがあるのです。それは、口コミとリピーターによって、将来の売り上げが大きく広がっていくということです。

ですから、今日、来店されたお客さまが、どのような気持ちで帰って、家族や友達にどのように伝えるのかは、とても重要な経営課題になるのです。

私は、事業において、今日の売り上げの多寡は、あまり重要ではないと思っています。今日の売り上げよりも大事なことは、明日の売り上げが今日の売り上げよりも必ず大きくなるように考えながら、今日の活動をすることだと思います。明日のために今日何ができるのかを考え、明日の売り上げの準備をどうするかです。具体的に言うと、口コミとリピーターにつながる準備をしたかどうかです。

そのために、やらなければいけないことがあります。それは、その商品を買ったお客さまが、家に帰って友達や家族に「何と伝えるのか」をお店側が最初に決めておくことです。

「いやー、今日、本当にすごい先生に会ったよ」

「福島先生って、何を言っているのか全然わからなかったけど、すごく面白かったよ」

もし、家族や友達に、このように口コミしてほしいのなら、私は、すごい話をすればいいことになります。とても変で面白い話をすればいいのです。

大切なことは、お客さまに「どんな気持ちになってもらうのか」「帰ってからどんなふうに口コミをしてほしいのか」、それをあらかじめ決めておくということです。そうすることで、自分がどのように動き、どのような言葉を話し、どのようなサービスをしたらいいのかがわかるようになります。そのことで、次の日の売り上げが変わり、未来はまったく変わっていきます。

事業を支えるのは、口コミとリピーターです。特に、インターネットでつながった高度情報社会においては、口コミ情報はあっという間に広がっていきます。お客さまにどのような気持ちになってもらうのかを先に決めておくことは、ますます重要になってくると思います。

以前、ある小さな店から事業を始め、全国チェーンにまで規模を広げた社長さんから、こんな話を聞いたことがありました。

社長の最初のお店は、狭い、カウンターだけの小さなお店でした。社長は、そこに料理人として立っていましたが、お客さまから注文をいただくと、興奮して料理をする手が震えたと言います。なぜ興奮したのかと言うと、「この料理を食べたお客さまが、どんな笑顔になるのだろうか」と考えたら、すごく楽しくなって、興奮したと言うのです。

これだけではありません。なんと、その社長さんには、そのお客さまが家に帰ってから、その翌日にいたるまでの光景がすべて目に浮かんできて、ワクワクが止まらなくなったと言うのです。以下はその社長の空想(イメージ)です。

「今日、こんなお店でこんな料理を食べたんだけど、本当においしかったよ」

それを聞いた家族は、こう言います。

「なんで私を連れていってくれなかったの? 私も絶対に行きたい」

翌日、その家族は、全員、駅から走って店に向かいました。しかし、店が近づくと人だかりが見えてきました。なんと、店の前には人がズラッと並んでいたのです。

「うわー、もうこんなに並んでいるなんて。でも、絶対に食べたい！」

そう言うと、家族は列の最後尾に急いで並びました。


これは、あくまでも社長のイメージです。現実の目の前のカウンターには、たった1人のお客さまが座っているだけです。しかし、社長の目には、はっきりと未来がイメージできていたのです。だから、塩を振る手が緊張で震えたのです。

社長は、今日の売り上げだけを見ていたのではなく、明日をイメージして、そのための仕事を今日していたのです。

自分がどこを見ているのかによって、目の前にある仕事の仕方や、お客さまへの接客が変わり、それによって自分の未来、人生、会社の将来を自由に変えることができます。

将来、どれだけの人たちを笑顔にできるのかは、今、目の前にいる人をどれだけ笑顔にできるのかで決まると思うのです。

36 価値

最初に、機能と価値の違いから考えてみたいと思います。

例えば、「この商品はこういうことができます」「こんなことも、あんなこともできます」とアピールするテレビＣＭがあったとします。一見、効果的なＣＭのように思えますが、果たしてそうでしょうか。

「何ができるのか」は、その商品の「機能」です。ですから、このＣＭは、「機能」を説明していることになります。それでは、「機能」は付けば付くほど売れるのかと言うと、それはわかりません。なぜなら、お客さまがその「機能」を「価値」として認めない限り売れないからです。

では、「価値」とはいったい何でしょうか。

私は、以前スマートフォン（スマホ）を使っていました。スマホにはいろいろな機能が付いています。しかし、私の場合、残念ながらスマホで遊ぶ時間や、使い方を覚える時間がなかったため、スマホを持っていても、インターネットに接続することはほとんどなく、動画などを見ることもありませんでした。私が使っていたのは、電話機としての機能だけだったのです。

結局、私は、携帯電話に換えました。換えてみて驚いたのですが、携帯電話は1回フル充電すると、私の場合、1週間近く充電しなくて済むのです。それに、片手で簡単に操作ができます。

スマホの時は、本体を片手で持って、もう一方の手でキーをタッチしていましたが、携帯電話なら片手で、しかも簡単に操作ができます。それでいて、私に必要な電話機としての機能は、しっかり付いており、しかも使いやすいのです。

そして、なにより、私は携帯電話にしたことで、自分の生活や仕事にどのくらい役立つのかが明確にイメージできるようになりました。

その商品を使うことで、幸せ感を得られることが明確にイメージできると、その商品はその人にとって必要なものになります。私は、これを「価値」と呼んでいます。

お客さまは、自分にとって「価値」が感じられないもの、つまり、幸せ感がないもの、必要のないものは、決して購入しません。商品にいくら「機能」が付いていたとしても、お客さまが、その商品の「価値」をリアルにイメージできたり、実感できたりしない限り売れないのです。

先ほどのCMのように、「こういうことができます」という「機能」の説明だけでは、お客さまは「そういうことができるのか」と思うだけで、「価値」を感じてもらうことはできないと思います。

しかし、もし、CMの中で、お父さんが買ってきた商品を使って、子どもたちやお母さんが笑顔になって、家族みんなが幸せになっていくシーンを映し出したとしたらどうなるでしょうか。CMを見た人は、その幸せ感に「共感」して、「自分たちもこんな家族になりたい」「自分もこんな体験をしたい」などと思ってくれるかもしれません。

このように、その商品を買うことで、その人がどのような幸せ感を得られるのかをイメージできれば、その商品は売れるようになります。

企業は、お客さまを幸せにすることを目的に活動しています。言い換えると、「価値」をつくりだすことは、企業活動そのものだと思うのです。

「価値」は幸せ感です。幸せ感は、「共感」することで感じてもらえます。大切なことは、お客さまが幸せになる物語をいかに描いて伝えていくか、お客さまが幸せになるシーンをどれだけ描ききれるかだと思います。

37 マーケット

まずは、私の話をしたいと思います。私は、23歳の時に起業しましたが、何をやってもうまくいきませんでした。失敗が続き、これから自分がやることは、すべてうまくいかないのではないかと思ったほどです。

しかし、このような私も、多くの人と出会うことによって、成長させてもらうことができ、その後、起業家支援を社会的使命とする会社をつくることになります。

私が起業家を支援する会社をつくろうと思った理由は、ひと言で言うなら、自分が創業時にとても苦労したからです。「きっと、自分と同じように、起業したくても、うまくいかず悩んでいる人がたくさんいるに違いない。私はその人たちの役に立とう」と思ったのです。それが自分の社会的存在価値であり、自分の役割の一つではないかと考えました。

しかし、いざ、起業家スクールや新規事業のセミナーや組織のつくり方のセミナーを開催しようとすると、周りの人たちから「福島さん、起業家の育成をビジネスにしようとしているようだけど、そんなにマーケットがあるんですか」と聞かれました。

どこに相談に行っても、誰に聞いても、必ずといっていいくらい「無理だよ。そんなことできるわけないよ」と言われました。実際、その後しばらくは、それを思い知らされることになりました。

しかし、そもそも起業家支援は、できそうだから始めたのでも、うまくいきそうだから始めたのでもありません。自分自身の命の時間を使って取り組むべき仕事だと思ったから始めた事業です。マーケットがあろうがなかろうが関係ありませんでした。

もっと言うなら、お客さまに喜んでもらえるような確固たるノウハウもなく、資金も、信用も、ネットワークも、実績も何もありませんでした。それでも、私は、あえてそこに挑んでいったのです。それが自分の使命だと思ったからです。

まず、東京で人を応援する事業を始めました。なかなかうまくいきませんでした。しかし、ほぼ同時期に岩手県でスタートした「いわて起業家大学」の主任講師になる機会に恵まれ、そこで10年間お手伝いをさせていただきました。その間、本当にたくさんの人たちと出会い、たくさんの人たちから教えられ、今日、このような仕事をさせていただくことができるようになったのです。

しかし、私のように新たなマーケットに飛び込んだケースは、極めてまれかもしれません。というのは、実際、世の中で成長している会社を見ると、その約9割は、既存のマーケットにおいて、競合他社が販売している商品よりも、より良い商品もしくは低価格の商品を提供することで成長しているからです。

既存のマーケットでは、お客さまが、相場や物の善しあしの判断基準をきちんと持っていますが、新しいマーケットでは、お客さまは判断基準を持っていません。さらに、きちんとしたサービスやノウハウが提供してもらえるかどうかもわからないため、お客さまは新しいマーケットに来るのをためらう傾向があります。

ですから、多くの企業は、既存のマーケットに参入して、確実に業績をあげようとします。

ここで、一つ大事なことをお話しします。それは「何のために」その事業をするのかということです。もし、「業績をあげるため」だとしたら、既存のマーケットのほうがいいでしょう。しかし、「より良い社会をつくるため」とか「困っている人の役に立つため」と言うのなら、新しいマーケットに挑戦してもいいのではないかと思います。私は、マーケットより優先するものを「使命」と呼んでいます。

これは、ある人から聞いた話なのですが、南極大陸に探検に行った人たちが、とても不思議な光景を見たと言うのです。なんと南極大陸の山の中に、そこにいるはずのないアザラシなどの死骸があったのです。なぜそんな山の中に海の生き物の死骸があったのでしょうか。それには、こういう説があります。

地球環境は、常に変化しています。大昔から動物たちは、生き残るために新しいすみかを探して、移住し続けてきました。

たくさんのアザラシがいると、そのうちの何匹かが、突然、海ではなく山のほうに向かって行くことがありますが、それも、より良い居住地になりそうな場所を探しに行くためではないかと考えられているのです。

もちろん、冒険に出るアザラシたちは大変なリスクをかかえることになります。そのまま死んでしまうかもしれません。しかし、時には新天地を見つけてくることもあると言います。

ビジネスの社会においても、同じようなことが言えるのではないかと思うのです。例えば、地球環境にやさしいビジネスや介護のビジネスは、今では、なくてはならない事業として社会的に認知され、将来の基幹産業としても期待されています。

しかし、最初にマーケットを開拓した人たちは、大変な苦労をしたはずです。その人たちは、既存のマーケットに参入するよりも、3倍も5倍も苦労したかもしれません。しかし、苦労をいとわず挑戦する人たちがいるからこそ、世の中は、より良くなっていくのだと思うのです。

どんなに苦労したとしても、どんなにつらかったとしても、未来の子どもたちのために、地球や人類のために、動物たちのために、誰かがやらなければならないことがあります。南極大陸のアザラシと同様に、私たち人間社会においても、誰かがやらなくてはいけないことをやっていく人たちが必要なのだと思います。

もちろん、既存のマーケットをより良くする人たちも必要です。どちらも必要なのです。事業をするにあたって、優先すべき判断基準は、そこにマーケットがあるかないかではなく、その事業を「自分の使命」や「自分の役割」と感じるかどうかです。もし、それが自分の使命だと感じているのなら、新たなマーケットを創造することに挑戦してほしいと私は思っています。

38 価値を高める

価値が高まると、どういうことが起こるのかについてお話しします。

仕事をしていると、「こんなに努力しているのに、どうしてお客さまは商品を買ってくださらないのだろうか」と思い悩むことがあると思います。なぜ、こういうことが起こるのでしょうか。

お客さまは、価値を実感した時、つまり幸せを実感した時に、その商品やサービスを購入します。見方を変えて言うと、お客さまにとって、その商品やサービスに価値を実感できないと、それを購入することはないのです。

ということは、お客さまの行動をよく見ていれば、私たちが「価値」をどのレベルで提供できているのかがわかるということです。お客さまは、ちゃんと行動で教えてくださっていたのです。

もし、努力しても売れないとしたら、それはお客さまが価値を感じていないということですから、価値を高める努力、つまり幸せを感じてもらえるような努力をすればいいということになります。

そういう努力を続けていくと、お客さまは感動してくださったり、喜んでくださったりするようになっていきます。そして、ある瞬間を境に、一気にお客さまの行動が変わります。それを私は「感動分岐点」と呼んでいます。お客さまが、ついに「価値」を実感してくださった瞬間です。感動分岐点を越えると、つまり、お客さまが価値を実感すると、想像を超える売り上げがあがるようになっていきます。


それでは、商品やサービスの「価値」が高まるとどういうことが起こるのかを見ていきましょう。

一つ目は、「価格」が高くても商品やサービスが売れるようになります。5万円の中古車も売れるし、1000万円の高級車も売れるようになります。1000円のバッグも売れるし、50万円の高級バッグも売れるようになります。

どうしてそうなるのかと言うと、その商品やサービスの「価値」が、「価格」を上回っているると、お客さまが感じるからです。

例えば、ブランド品を思い浮かべてください。お客さまは、ブランド品が有する、品質、信頼、伝統、職人気質《かたぎ》、ポリシー、イメージなどに対して、高い「価値」を認めています。だから、たとえ高額であってもブランド品は売れるのです。

つまり、商品やサービスは、「価格」が高かったとしても、それを上回る「価値」があれば売れるようになるということです。

二つ目は、商圏（マーケット）が大きくなります。立地の便にかかわらず、お客さまが遠くから来てくださるようになります。

能登半島のほぼ北端に輪島という町があります。この町は、輪島塗で知られており、町中に輪島塗のお店があります。私も2度ほど訪れたことがあります。

お店をのぞいてみると、どこも私のような旅行者でにぎわっていました。私が驚いたのは、店内アナウンスでした。大きなお店の店内アナウンスは、中国語や韓国語だったのです。これにはびっくりしました。それほど、台湾や韓国からの旅行者が多いということです。

輪島市では、アジアからの旅行者を積極的に誘致しており、団体客のツアーも組まれています。さらに輪島市は、能登を舞台にしたＮＨＫの連続テレビ小説「まれ」が台湾や香港で放映されることから、台湾や香港からの観光客向けの「ロケ地マップ」まで作成したと言います。

台湾や韓国からのお客さまは、定期便やチャーター便で、能登空港、富山空港、小松空港を経由して来られるのですが、いずれにしてもアジアからは、かなりの距離があります。なぜ、こんなに遠い輪島に来られるのでしょうか。それは、輪島市に「価値」があるからだと思います。

面白いことに、人は、目的地に「価値」があると、その場所が遠くであっても、行くことを苦にしません。それどころか、「価値」が高まることもあります。どういうことかと言うと、例えば、子どもが、両親から「明日は、みんなであのテーマパークに行こう」と言われたとします。その子は、きっと、ワクワクして夜寝付けなくなるでしょう。当日、電車や車の中でも、ワクワクは止まらず、到着した時には、完全に興奮状態になっていると思います。つまり、その子は、そこへ行くまでの時間に、期待を膨らませていたのです。

幸せ感を募らせていたのです。言い換えると「価値」を高めていたということです。

このように、「価値」を高めれば、商圏（マーケット）は拡大できるのです。

三つ目は、クレームやトラブルが少なくなります。どうしてかと言うと、いつも「価格」を上回る「価値」を感じているお客さまは、少しぐらいトラブルや問題が起きたとしてもクレームにしないからです。

それどころか、「いやあ、私が電話1本しておけば済んだ話なのに、かえってすみませんね」と、お客さまから謝られることすらあります。

このように、お客さまにとって「価値」が高まっていると、クレームやトラブルがどんどん減っていきます。

四つ目は、マスコミなどで取り上げられるようになることから、PR・宣伝費を抑えられます。それだけ注目されるということです。さらには、マスコミで取り上げられることで、たくさんの人がその「価値」を知ることになり、新しいお客さまが増えます。

五つ目は、口コミ効果をもたらします。お客さまが「価値」を感じてくださると、お客さまは、勝手にお店のセールス・パーソンになって、家族や友人などに勧めてくださるようになります。これが口コミです。

口コミは、実際にその商品やサービスを購入した人の感想です。信ぴょう性が高いことから、倍々ゲームでお客さまが増えていくチャンスになります。

六つ目は、リピート率が高まる効果があります。例えば、お客さまが、あるメーカーの車を購入したとします。そのお客さまは家族でドライブに出掛け、とても幸せな思い出がつくれたとします。すると、お客さまは、そのメーカーが好きになり、そのメーカーが新型車をつくると、それをまた買いたいと思うようになります。これがリピーターの心理です。

このことから、今日のセールスは明日のセールスに、この商品のセールスは別の商品のセールスにつながっていると言えるのです。

商品やサービスの「価値」が高まると、お客さまは、1回限りのお客さまではなく、一生のお客さまになってくれるのだと思います。

七つ目は、働く人々のモチベーションが高まります。お客さまは、商品やサービスを購入したことで、うれしくなったり、幸せを味わったりしていくと、つまり「価値」が高まっていくと、購入したお店で働いている人たちに対して、感謝の気持ちが湧いてきます。人は、感謝された時に、最もやりがいを感じます。モチベーションが大きく高まります。すると、その会社で働いていることが、本人だけでなく、家族も誇りに思えるようになっていきます。その結果、仕事の生産性や効率が高まり、より良いものが提供できるようになっていくのです。

このように、価値が高まると、あらゆるいい効果が直接的にも間接的にも表れてきます。その結果、お客さまと働く人たち、みんなが幸せになっていきます。人を幸せにすることで、会社も幸せになっていくという好循環が生まれてくるのです。

39 トータル・サティスファクション

トータル・サティスファクションとは、その企業が活動することで、お客さまを幸せにするだけでなく、社員や社員の家族、またはその企業の関連会社、さらには地域など、その企業がかかわるすべての人たちを幸せにする企業活動のことを言います。

例えば、このような話があります。私の家のお向かいさんが、家の建て替え工事をした時のことです。

私の家は、住宅街の突き当たりの右側です。建て替え工事をした家は突き当たりの左側でした。突き当たりのため、通常、一般の車が行き来することはありません。このため、私の家の前の路地に、工事関係者が違法駐車してしまうことが度々あったのです。これには本当に困りました。道幅3メートル50センチぐらいの細い道路だったので、そこに車をとめられてしまうと、私の車が出せなくなってしまうのです。

もちろん、お願いすれば、すぐに車を移動してもらえますが、狭い道をずっとバックしていくため、3〜5分ほどかかってしまいます。このため、工事期間中は、予定していた時間よりも、早めに家を出なければなりませんでした。それに、私が車を使うたびに、工事を中断させることになるので、なんだか申し訳ない気持ちにもなりました。

また、工事期間中は、朝の8時からトンカントンカンと大きな音がし続けました。大声で話している声も聞こえます。特に、騒音がひどかったのは、家を取り壊す時でした。ベリベリ、バキバキと無理やり剥がしたり、ドカンドカンとたたいたりしているのがわかりました。まさに家をたたき壊している感じでした。2階から壊した壁などを投げ落としているのもわかりました。

目の前にいる私たちは、工事期間中、ずっと耐えるしかありませんでした。しかし、私は、騒音よりももっと心を痛めたことがありました。それは、大切な家がひどい扱いを受けていたことです。長年家族とともにあって、家族の命を守ってきた大切な家です。住んでいた人がその光景を見たら、どんなに悲しいだろうと思うと、とてもつらい気持ちになりました。

さらに、工事期間中は、いろいろな工事関係者が入れ替わり立ち替わりやって来ます。私たち住民は、見ず知らずの人たちがたくさん来ることに、なんとなく不安を覚えたものです。

これは私が体験した例ですが、一般的に、工務店がお客さまのために家を建てようとすると、その建築期間中は、近隣住民にさまざまな迷惑をかけることになります。しかし、トータル・サティスファクションの考え方に基づいて工事したら、きっと近隣の人々まで幸せにすることができるようになると思うのです。どういうことかご説明します。

例えば、路上駐車問題は、近くに駐車場を借りて、工事期間中はそこに駐車することで解決できます。

また、騒音問題に関しては、ねじくぎを多用すれば、ネイルガン（くぎ打機）の使用を抑えられます。ネイルガンは、バシッバシッと大きな音がするからです。どうしてもネイルガンを使わざるを得ないのなら、周囲に防音シートを張れば、騒音をかなり軽減できます。

職人間の会話についても気を使って、地元の人たちが、静かに暮らせるように工夫することが大切です。例えば、大声で話さないようにし、できるだけ手話やジェスチャーやサインなどを使うようにします。「危ない！」といったアラームについては、地域住民に緊張感をもたらさないように、イタリア語やスペイン語にするのもいいと思います。外国語が難しければ、仲間だけがわかる隠語を使えばいいのです。それこそ「ペペロンチーノ」でも「カルボナーラ」でもなんでもいいと思います。

また、私が心を痛めた家の破壊音ですが、きっと私だけでなく、近隣の人たちも同じように感じていたと思います。これについては、作業をていねいに、心を込めてすれば、すぐに改善できると思います。例えば、取り壊す前に、「家族の命を守ってきてくれてありがとうございます」などと、ちょっと言葉をかけて、廃材を捨てる時は、投げ捨てるのではなく、「ありがとう」と書いた毛布に包んで、手でトラックに積んでいくなどの工夫ができると思います。手間はかかりますが、そんな作業風景を施主さんが見たら、感動して泣いてしまうかもしれません。その家の人だけでなく、近隣の人たちの印象は全然違ったものになると思います。

また、家を建てるとなると、どうしてもいろいろな工事関係者が出入りすることになります。これは仕方のないことですが、見ず知らずの人たちが来ることによる不安感については工夫しだいで軽減できると思います。もっと言うなら、親近感に変えることだってできると思います。例えば、工事現場の前に選挙などに使われる告知板を立てて、そこに、出入りする工事関係者を写真付きで紹介するのです。

「福島正伸、58歳、とび職歴35年、過去の実績/瀬戸大橋、横浜ベイブリッジなど多数、家族/妻、特技/かんな削り、信念/夢しか実現しない、夢/出会った人すべてを幸せにする、趣味/ヘラブナ釣り、コメント/顔を見かけたら〝クマちゃん〟と声をかけてください」

このボードを見た地元の人たちは、「今週は、こういう人が来るんだ。じゃあ、『クマちゃん』って呼ぼう」とか、「かんな削りの仕方を教えてもらおう」と思うかもしれません。このように、ボード1枚で、会話のきっかけがつくれるかもしれないのです。なにより、誰が来ているのかわかると安心します。

こうした地域住民とのコミュニケーション活動をさらに進めると、家の建築工事を、コミュニティー活動（地域の社会活動）にすることだってできます。例えば、工事現場では廃材が出ますが、それらを利用して「お父さんと子どものためのガーデニング・グッズ作成教室」という講座を開くのです。また、建築現場にはいろいろな分野のプロが集まっていますので、その人たちの力を少しずつ借りて無料セミナーをひらいてもいいと思います。例えば、基礎工事の時なら、「地震に強い家造り講座」を、内装工事の時には「壁紙貼り替え講座」を開催するという具合です。イベントに参加した住民たちは、そこで覚えたテクニックをもとに、DIYで自分の家の壁紙を貼り替えられるようになるかもしれません。これは立派な地域への社会貢献です。このような企画はいくらでも出ます。

地域住民へのコミュニティー活動は、「やろう」と決めたその日からでも簡単にできます。例えば、建築現場に来る途中、その町内のゴミを拾ったり、一人暮らしの高齢者を見かけたら声をかけたり、地域を1周して不審者がいないか確認してから現場入りしたり、出会った人にあいさつをしたりするのもコミュニティー活動です。これは聞いた話ですが、泥棒は、あいさつされた町では、泥棒をしないそうです。業者の人たちが出会った人にあいさつして回るだけで、その町が安全になる可能性だってあるのです。

そして、いよいよ家が完成した時には、「ここに住む家族が、ずっと幸せで、けがや病気のない生活が送れますように」という願いを込めて、建築に携わった人みんなで、屋根裏の木にメッセージと自分の名前を書くのです。そうすれば、それを見た施主さんは、涙を流して感謝してくれることでしょう。そして、周りの住民たちに、口コミでその感動を伝えてくれます。

このように、トータル・サティスファクションとは、家を建てた施主さんだけでなく、その町のみんなが幸せになるような企業活動を言います。それは、そこで働く業者や関連業者の人たちが、町じゅうの人たちから感謝される企業活動でもあります。

では、トータル・サティスファクションに基づいた企業活動をすると、どういうことが起こるのでしょうか。まず、家が建った時に、施主さんに感謝されます。次に施主さんは町中の人から感謝されます。

このように、工務店は、1軒の家を建てる過程で、町中の人たちを幸せにすることができるのです。そうなると、「ぜひ、うちもそんな家を建てたい」という気持ちになって、5軒の受注がもらえるかもしれません。工務店は、トータル・サティスファクションの考え方をしたことで、1軒の家を建てながら、同時に5軒の家を建てていたことになるのです。

仕事というものは、目の前の仕事を終わらせることだけを考えるのではなく、その仕事を通して、どれだけの人を幸せにできるのかを考えて取り組むことが大切だと思います。そうすると、やったことがすべて、自分たちに返ってきて、お客さまも、働く仲間も、地域の人たちまでもみんなが幸せになる、そんな素晴らしい社会がつくれるようになります。これがトータル・サティスファクションです。

40 創造性の2段階

「創造性の2段階」は、新しいアイデアを生み出すための大事な方法です。どういうことかお話しします。

新しいアイデアは、すべて「思い付き」から生まれてきます。つまり、新しいアイデアがほしければ、「思い付き」をたくさん出せばいいということになります。

しかし、いざ「思い付き」を出そうとすると、なかなかうまくいきません。どうしてそうなってしまうのか、事例で考えてみましょう。

例えば、新しい商品を考える会議があったとします。参加者の一人が、「こんなアイデアはどうでしょうか」と提案しました。それを聞いた会議のリーダーは、「おまえ、そんなことを言ったって、うちの会社にそんな予算があるわけがないだろう。そもそも、そんなノウハウがどこにあるんだ。できっこないに決まっているよ」と、頭ごなしに否定したとします。

すると、参加者全員がアイデアを言わなくなってしまいます。そして、ひたすら名案を探し始めます。へたなアイデアを出すと、自分も頭ごなしに否定されて、恥をかかされるかもしれないので、否定されないような名案を考えようとするのです。

しかし、そんな名案が突然浮かんでくるはずがありません。おのずと、誰も意見を言わない静かな会議になります。もはや、会議をする意味はまったくありません。その結果、リーダーは、一人で考えて、一人で結論を出すしかなくなり、斬新なアイデアは出なくなります。

どうしてこの会議では、アイデアが出なくなってしまったのでしょうか。それは、アイデアを「批判」してしまったからです。

人の意見をその場で「批判」する人を、「アイデア・キラー」と言います。「アイデア・キラー」が一人でもいると、そのチームや集団では、新しいアイデアがまったく生み出せなくなってしまいます。

新しいアイデアは、すべて「思い付き」から生まれます。この「思い付き」というものは、ほとんどが「こうあったらいいなあ」という空想のようなもので、「それが有効なアイデアである」という根拠はありません。一方、批判は、論理的な根拠を求めます。「思い付き」と「批判」が対決すれば、どうがんばっても、根拠のない「思い付き」は「批判」には勝てないのです。ですから、先ほどの会議は、誰も意見を言わない静かな会議になってしまったのです。

それでは、どうしたらいいのかと言うと、まず、アイデアを出す時間は、批判を一切しないと決めて、アイデアを出すことに徹するのです。巧拙は問わず、どんなアイデアも受け入れるようにします。そして、アイデアが出たら、とにかく、ほめたたえるようにするのです。


「素晴らしいアイデアだね。もっと聞かせてくれよ」

「斬新だねえ、もっと新しいアイデアはないかい」

「それもいいねえ。君はアイデアがいくらでも出てくるねえ」

「ファンタスティック！　君の才能には驚いたよ」

このように、みんなでアイデアを出した人をほめたたえるのです。そして、リーダーは、新しいアイデアを受け入れるだけでなく、自分も、広い視野に立ち、一見的外れに思えるようなアイデアを意図的に出すことが大切です。

そうすることで、みんなが「アイデアを出すと、みんなが賛美してくれるんだ」「そんなこともアイデアになるんだ」と思うようになります。こういうムードをつくることが大事です。このムードさえできれば、みんながアイデアを自由にどんどん言うようになってきます。それを出せるだけ出すのです。

以前、若い人たちと一緒になって、新しいネクタイのアイデアを出したことがあります。たった1時間でしたが、880案もアイデアが出ました。その中には30案ほど素晴らしいアイデアがありました。これを磨いた結果、商品化できるアイデアが7案見つかりました。だいたい、思い付きを100個あげると、1個ぐらいの割合で、商品化につながるような、素晴らしいアイデアが見つかるものです。ですから、思い付きをたくさんあげることが大切なのです。

方法としては、最初に「それではアイデアを出してください。この時間はアイデアを出すことだけに専念してください。人のアイデアを批判してはいけません。アイデアはみんなでほめたたえましょう」と宣言し、まずは数を出すことに専念します。

アイデアは、最低でも数百案出す必要があります。1時間では終わらないかもしれません。しかし、この作業はかなりの集中力が求められることから、一気にするのは難しいと思います。日にちを分けて、今日30分、明日30分という具合に、分割して作業してもいいと思います。大事なことは数を出すことです。

アイデアの数がある程度出たら、次にアイデアを選考するための時間にします。アイデアを絞り込むのです。選考基準は、企業理念をベースにして、みんなで意見を出し合って決めます。選考基準が決まってから選考を始めるようにしてください。そして最後に、選んだものを組み合わせたり、似たようなアイデアをまとめたりして、アイデアを磨き上げます。このようにして、商品化できるアイデアを生み出すのです。

何となくアイデアを出そうとしても、アイデアは出せません。アイデアを出すためには、「アイデアを出す時間」と「アイデアを選ぶ時間」とに分けることが大切です。その方法が「創造性の２段階」です。この方法で考えていくと、新しいアイデアがどんどん生み出せるようになってくると思います。

41 独自性

自分らしさ、いわゆるオリジナリティーについてお話しします。

事業には、オリジナリティーがとても大事です。しかし、オリジナリティーを出せと言われても、自分らしさがわからない、もしくは自分がどういう魅力を持っているのかわからないことから、どうしたらいいのか悩んでしまうことがあると思います。なぜ、そういう状態になるのかと言うと、「人のマネをしてはいけない」と思うあまり、がんじがらめになっているからだと思います。

オリジナリティーは、自分の感性を判断基準にして、「これって私らしい」「すてきだなあ」と感じた外観・内装・家具・備品・料理・サービスなどをそろえることでつくられるものだと思います。

例えば、ラーメン屋さんを開業するとします。私なら、何はさておいても全国のおいしいラーメン屋さんを片っ端から訪ね歩いて、「いいなあ」と思うものを集めて回ります。A店の接客姿勢がいいと感じたら、自分の店にもそれを取り入れて、B店の麺の歯ごたえがいいと感じたら、それも取り入れて、C店のスープのコクがいいと感じたら、それも取り入れて、D店のメニュー構成がいいと感じたら、それも取り入れて、というように、自分が「いいなあ」と感じたものを集めていきます。このようにして集めたものは、一つひとつはどこかのマネでも、それが集まればオリジナリティーになります。

オリジナリティーの基準は、すべて自分の中にあります。自分では気付いていないかもしれませんが、もともと私たちの中には、明確な基準があるのです。「何が自分の感性に合っているか」です。端的に言うと、「好き・嫌い」でいいと思います。

その基準にのっとって表現されたものがオリジナリティーです。ですから、ひたすら自分の感性に基づいて、こだわればこだわるほど、それがオリジナリティーになり、魅力になっていくのだと思います。

そして、魅力は人を感動させ、人を幸せにし、商品やサービスの「価値」を高めてくれます。例えば、自家用車を思い浮かべてください。各国の自動車メーカーは、みんな自分たちらしさを追求しています。例えばフランス車なら、バカンスやレジャーを大切にする国民性に合わせて、疲れにくく乗り心地のいい車づくりをしています。イギリス車は、王侯貴族の人が狩りに行く時のイメージを大切にした車づくりをしています。ドイツ車は、マイスター気質《かたぎ》に基づき、緻密でメカニカルな車づくりをしています。イタリア車は、エンジン音の迫力、デザイン性にこだわった車づくりをしています。このように、それぞれが、自分たちのこだわりを追求しているのです。

そのこだわり（オリジナリティー）が人を感動させると、高い「価値」を生み出し、価格を超えたビジネスになるのです。

これは、どんな業種にも共通することです。自分の感性にとことんこだわれば、八百屋さん、魚屋さん、肉屋さん、帽子屋さん、など業種を問わずビジネスは成り立つようになります。

最後に、オリジナリティーをつくるうえで大事なことをお話しします。それは、本気になるということです。とことん自分が「いいなあ」と感じるものを本気で追い求め、「いいなあ」と思ったことをどんどん取り入れていくことです。

そして、「毎日」、自分らしさについて考え、改善し続けていくことです。そうすれば、自然と、オリジナルなものになっていくと思います。さらには、人を感動させ、人や社会を幸せにすることができると思います。

42　社風

以前、「福島先生、うちの社風は暗いんですよ」と話す社長さんにお会いしたことがあります。その社長さんを見ると、その人もなんとなく暗いのです。

その反対に、「いやあ、うちの会社は明るいんですよ」と話す社長さんにもお会いしたことがありますが、その社長さんはとても明るい人でした。

このように、「社風が暗い」と言う人はその人も暗く、「社風が明るい」と言う人はその人も明るいという傾向があります。私は、「社風が暗い」と話す「明るい人」にお会いしたことがありません。

そもそも、社風とは、いったい何でしょうか。社風とは、社屋やどこかのスペースが持っている雰囲気ではなく、人が集まることでつくりだされる雰囲気だと思います。一人ひとりがその社風をつくっているのです。

よく、「うちの社風は暗くてね」とか「どうも社風がね」などと、社風をひとごとのように批判することがありますが、実は、その批判されている社風は、そう話している人自身がつくりだしているものではないかと思うのです。

ですから、もし、自分が明るい社風をつくりたいのであれば、自分が明るくなればいいのです。具体的な方法としては、まず、「明るい社風」とは、どういうものなのかを考えて、すべてのシーンを思い描きます。その際、「朝、どんな表情で出勤して」「どんなあいさつをして」「どんな会話をして」というように、すべてのシーンにおいて、使われる言葉まで具体的に描ききることが大事です。次に、「明るい社風」が描ききれたら、自らそれを実践していきます。

その際、周りの人は関係ありません。周りがどうのと考えてしまうと、どうしても周りに流されて、その雰囲気の中に埋没してしまいます。たとえ一人ぼっちのスタートであったとしても、それを実践していくのです。そうすれば、必ず、社風は変わっていくと思います。

こんなエピソードがあります。私は、経営者向けのセミナーを開催していますが、ある日、そこに一人のＯＬさんが参加してくれました。周りは経営者ばかりですから、とても違和感がありました。

彼女は、仕事にやりがいがなく、会社を辞めようか悩んでいました。しかし、このまま辞めてしまったら、何も達成感がないまま会社を去ることになってしまいます。それも耐えられなかったので、私の経営者向けセミナーに参加したそうです。

彼女は事情を話してくれました。

「私の会社は、歴史と伝統があるためか、いつの時代の会社なんだと思うくらい保守的で、社風が暗いんです。私がいくら前向きの意見を言っても、まともに話を聞いてもらえません」

その日の彼女は、どこか疲れた感じがして、彼女自身も暗く見えました。彼女は私に尋ねました。

「どうしたらいいのですか？」

「そんなの簡単だよ。自分が明るくなればいいんだよ。自分が変われば、みんなも変わって、きっと明るい会社になるよ」
「でも、どう変わったらいいのかわかりません」
「それじゃあねえ、これはぼくがイベントの時などに使っている言葉なんだけど、『みんな大好き！』って言ってみたらどうだろう。社員の人たちに会うたびに『大好き』って言うんだ。きっとあなたも周りも明るくなれると思うよ」

まさかとは思いましたが、なんと彼女は、翌日から、それを本当に実行してしまいました。会社で会う人みんなに、「みんな大好き」「みんな大好き」と言い続けたのです。これには、私も驚きました。まさか、そこまでやるとは思いませんでした。周りの人たちは、かなり引いてしまったようでした。

彼女の「本気」は、これだけにとどまりません。

私の経営者セミナーでは、いろいろなワークが用意されていますが、その中に、「ありがたいこと100」というプログラムがあります。「会社のありがたいと思うところを100個あげてみよう」というワークです。上司に対してありがたいと思うこと、会社に対してありがたいと思うこと、社長に対してありがたいと思うこと、それらを100個あげてみるのです。

彼女は、夢中になって、「ありがたいこと」を書き出していきました。会社のありがたいこと、会社のすてきなところ、会社の好きなところ、その理由などを彼女はどんどん書いていきました。書き終えた彼女は、表情がすっかり明るくなって「私の会社って、こんなに魅力があったんだ。上司って、こんなに素晴らしい人たちなんだ。いやあ、うちの会社って、もう本当に最高！　社長さんもこんなに素晴らしい人なんだ」と笑顔で話してくれました。

彼女の「本気」は、驚きの行動を促しました。彼女は、翌日から社長さんに手紙を書き始めたのです。そこには、社長の素晴らしさがたくさん書かれていました。それを毎日送り続けました。

180通ぐらい出した時、社長の秘書から、内線電話がかかってきました。「そろそろ社長が勘違いを始めたので、やめてください」というものでした。

秘書は止めましたが、手紙をもらった社長さんは、きっと喜んだに違いありません。誰だって、社員から、自分のいいところ、魅力的なところ、素晴らしいところを書いた手紙が毎日送られてくれば、元気になると思います。

それだけではありません。彼女は、会社の仲間に対しても、仲間や会社のありがたいところを言い続けたのです。たとえ、飲み会の席で、周りの人が会社の悪口や不満を言っていたとしても、彼女はそれに迎合しませんでした。「うちの会社にはこんな魅力があるのよ。こんなに素晴らしい会社だよ」と言い続けたのです。

3カ月ぐらいしたある日、彼女は、また私に尋ねました。

「福島先生、先生の言う通りにやってみたんですが、誰もわかってくれないんです。誰もついてきてくれないんです。ずっと一人ぼっちなんです。私はどうしたらいいんですか。もうやめたほうがいいんでしょうか」

「いや、6カ月続けてみようよ。そうしたら、きっと変わるよ。みんなは、あなたが本気かどうかを試しているんだよ」

私は、よく「人は、そう簡単には変わらない」と言います。それは、どうしてかと言うと、簡単に変わるとリスクがあるからです。例えば、「明るい会社をつくろう」と言う人がいたとします。それに賛同して、一緒にその活動を始めたとします。しかし、それを言い始めた人が、途中で投げ出してしまったらどうなるでしょうか。いままで時間をかけて協力してきたことが全部ムダになるかもしれません。自分の負担が大きくなるかもしれません。自分が批判の矢面に立たされるかもしれません。こうしたリスクがあるから、人はなかなか変わろうとしないのです。本当に「本気」かどうか、しばらく様子をうかがっているのです。

ですから、何かを変えようとする人は、行動に出る前に、「一度決めたら、何があっても絶対にやり抜くぞ」という覚悟を持たなければいけないのです。

こうして、彼女は、さらに6カ月間、たった一人で、会社を明るくする活動を続けました。すると、6カ月を過ぎたあたりから、徐々に周りが変わってきました。今まで暗かった職場の雰囲気が明るくなり、それとともに業績が良くなっていったのです。

彼女は、社内で注目されるようになりました。やがて、社内で、彼女の講演会をやろうという動きが出ました。みんなは、「どうして彼女は、あんなに明るくなったのか」「どうして彼女がいると周りが元気になって、業績まで良くなるのか」を知りたかったのです。

彼女の講演会は、立ち見が出るくらい大盛況でした。彼女は、「実は、自分が会社を辞めようと悩んでいたこと、自分が変わろうと決意したこと、そして、自分が変わったことで、すべてが変わったこと」を正直に話しました。彼女の話を聞いた人は、みんな感動しました。

やがて、彼女は異動し、営業担当になりました。しかし、彼女は、ここでも奇跡を起こすことになります。

彼女は、お客さまの会社に行くと、お客さまの素晴らしいところを見つけて、それを本人に言い続けました。お客さまを輝かせることを徹底的にやり続けたのです。この姿にふれたお客さまは、みんな感動してしまいました。そして、感動したお客さまは、彼女のことをほかの社員たちに話し始めました。彼女のうわさは、すぐにお客さまの社内中に広まっていき、やがて、彼女の話をみんなが聞きたがるようになりました。そして、とうとうお客さまの会社で、彼女の講演会が開かれることになりました。

それからというもの、彼女が営業に行く先々から、講演会の依頼が来るようになりました。しかも、その講演会を催した会社では、受講した人が感動して、あちらこちらの部署で彼女の話をしていたと言うのです。

そうなると、彼女は、お客さまの会社でますます評価されるようになり、おのずと売り上げもどんどん上がっていきました。そして、ついに彼女は女性で初めて、社長賞を受賞するまでになりました。もはや、彼女は一人ぼっちではありません。上司や仲間たちも、彼女の応援団になっていました。

彼女は、会うたびに、おしゃれになって、きれいになって、すてきになっていきました。ある時、彼女に「あなたの会社は、歴史と伝統を重んじる保守的な会社なのに、そんなすてきな服を着て営業に行ってもいいの？」と尋ねたことがあります。彼女は「上司が、『どんどんやれよ』と言ってくれるんです」と答えました。私は、さらに「なんで、そこまで上司があなたを応援してくれるの？」と尋ねると、彼女はこう言いました。

「なんで私ががんばるのかと言うと、上司を出世させたいからなんです。上司をもっと輝かせたいから、私はどんな苦労でもするんです。自分はずっと平社員でもいいんです。でも、世界一の平社員なんです」

こうして、ついに彼女は、みんなが幸せを感じる、みんなが元気で明るい、そんな社風をつくることができたのです。

私たちは、「社風」を、ややもすれば、ひとごとに考えたり、他人に期待したりしがちですが、社風というものは、今、自分自身がつくっているのだと思います。そして、これからも自分の在り方一つで、自由に変えることができるものだと思います。「社風」をそのように捉えると、きっと、自分の使う言葉や行動をどうしたらいいのかが、見えてくると思います。

自分の在り方

43
構想

「構想」とは、一般的に、マーケティングとか、戦略とか、戦術などと言われているものです。簡単に言うと、「どうやって夢をかなえるのか」「どのようにして目的を達成するのか」、その方法を総称して、私は「構想」と呼んでいます。

「構想」を考える際に、気を付けなければいけないことは、「たら」「れば」で考えないようにすることです。

例えば、１００万円のイベントを思い付いたとします。しかし、今、１００円しかなかったとします。こういう場合、「たら」「れば」で考えるとこうなります。

「なんだ、１００円しかないのか。これじゃあどうしようもないなあ、１００万円〝あったら〟、あんなことやこんなことができたのになあ…」

これが「たら」「れば」の考え方です。この考え方だと、100万円を持っていなければイベントができないことになります。言い換えると、100万円を集めればいいとも言えますが、100万円が集まらなければ何もできません。

どうして、このように考えてしまうのかと言うと、「やり方」にこだわっているからだと思います。しかし、やり方は、100万通りあります。無限にあるのです。こだわる必要はありません。こだわるのは、「やり方」ではなく、「目的」です。

それでは、先ほどの例を「目的」にこだわった考え方にしてみましょう。すると、このようになります。

「100円あるのか。それじゃあ、まず100円〝から〟できることを考えてみよう。そうだ、100円あれば、こういうことができるんじゃないかなあ、それを続けていけば、きっと100万円のイベントになるかもしれない。そうか、そう考えたらもっといろいろなことができそうだぞ。あんなこともできるんじゃないかなあ」

どうでしょうか。この考え方のほうが、夢を実現できそうな気になると思います。「たら」「れば」で考えるのと、「から」で考えるのとでは、こんなにも夢の実現性が違ってくるのです。今できることから、どうやって夢をかなえるのかを考えるのが「構想」です。

かつて、私は、「100円の会」というものをつくっていました。これは、机の上に100円玉を1個置いて、100円玉でできることを考えて、何でも解決しようという会です。テーマを決め、みんなで知恵とアイデアを出し合います。

例えば、「地球の環境問題を100円で改善しよう」というテーマを考えてみるとこうなります。

100円ショップに行くと、さまざまな経営資源が100円で売っています。そこで、100円のほうきを買います。ほうきを買って何をするのかと言うと、一つの商店街に毎朝行き、その1本のほうきで、1カ月間、掃除をします。その商店街にお店が100軒あったとしたら、毎朝、100軒のお店の前をきれいに掃除します。

毎日、掃除をしていると、きっと店主さんたちと顔を合わせたり、あいさつをしたりして、だんだんコミュニケーションがとれるようになってくると思います。

１カ月ぐらいすると、商店街の店主さんたちから、「あなたのおかげで、この商店街はとってもきれいになったよ。本当にありがとう」と感謝されるようになるでしょう。その時を待って、こう言います。

「感謝してくださって、本当にうれしいのですが、ぼくとしては、ほかの商店街さんも、ここと同じようにきれいにしてあげたいと思っているんです。でも、一人では手が回りません。どうしたらこの清掃活動を続けられるのか、困っているんです。もし、１カ月に１００円払ってくだされば、友だちに手伝ってもらって、来月から他の商店街も清掃活動ができるようになると思うのですが、どうでしょうか」

このような提案を商店街の店主たちにしたとします。仮に、１００軒のお店が「１００円ならいいよ」と言ってくださったとすると、１００円が１００軒だから、１カ月に１万円集まることになります。

翌月、この人が、友だちを99人集め、１００円のほうきを追加で99本買って、99カ所の商店街で同じような清掃活動をしたとします。そして、同じように、その１カ月後、99軒のお店が「100円ならいいよ」と言ってくださったとします。すると、最初の商店街と合わせると、100カ所の商店街から、1カ月当たり合計100万円を集めることができるようになります。さらに、友だちが友だちを集めて、同じような活動をしていったとすると、1000万円、1億円のお金が集まってくることになります。もちろん、これは理論上の計算にすぎませんが、可能性はあるわけです。

こうして集めたお金を元手に、協力者を増やし、活動規模を拡大していけば、最後は、世界中の人たちが100円を出し合うことで、地球の環境問題を改善する壮大な仕組みができるかもしれません。

このように、今できることから始めて、周りをどんどん巻き込んだり、新しい方法を考えたりして、夢をかなえていくのが「構想」です。「構想」を考えるということは、夢を実現させる方法を考えることとイコールになります。大事なことは、今持っているもの、今自分ができること、そこからスタートして、ステップアップさせていくことです。

しかし、「構想」を実践しようとすると、必ずと言ってもいいほど、うまくいかなくなる時があります。やってみて初めてわかることや、状況が変化することがあるからです。

特に、状況は、将棋や囲碁と同じく、一手動かすごとに変化します。このため、「構想」は、状況が変わるつど修正したり、立て直したりすることが必要になるのです。

しかし、常に、今の状況から夢をかなえようとしていけば、必ずいつか夢にたどり着くと思います。


私は、よく「二股の道」という話をします。夢をかなえようとして、歩いていくと、必ずどこかで道が二股に分かれます。どちらの道を行ったらいいのか、きっと迷うと思います。もしかしたら、どちらかは行き止まりかもしれません。遠回りになってしまうかもしれません。しかし、最終目的地さえ、見失わなければ、どうということはないのです。たとえ、選んだ道が、行き止まりだったとしても、戻ってくればいいだけです。道に迷ったら、そのつど、そこから考えて、また歩んで行けばいいのです。そうしていけば、必ずいつか目的地にたどり着きます。

人間社会には、正解というものはありません。たどってきた道が正解なのです。ですから、間違うことを恐れる必要はないのです。

「今」できることを考えて、それに挑戦し続けていくことでしか、道は切り開けないのです。それこそが「構想」ではないかと思います。

44　プレゼンテーション

起業したばかりのころは、何をやってもうまくいきませんでした。いくら熱心に夢を語っても、まともに話を聞いてもらえず、批判ばかりされていました。

「どうして、誰も私の夢に興味を持ってくれないんだろう？」

「なぜ、私の話を聞いてくれないんだろう？」

いくら本を読んでも答えは見つかりません。私は、資金も人脈も何もない状態から、夢を実現させた人たちに会って、話を聞いてみたいと思いました。人から応援してもらうための方法が知りたかったのです。最初の1年目には、180人にお会いして話を伺いました。世界で活躍している経営者にも会いに行きました。

私は、夢を実現させた彼らの話を聞いているうちに、気付いたことがあります。それは、彼らの話を聞いていると、なぜか共感し感動することでした。私だけではありません。彼らの話を聞いた人は、みんな共感し感動していました。

それに比べて、これまで私が夢を語った相手は、元気がなくなったり、不機嫌になったり、揚げ句の果てには、嫌われてしまったりすることもありました。

夢を実現させた彼らと、私の違いはどこにあるのか考えてみました。大きな違いは、私が理詰めで相手を説得しようとしていたことでした。

これまで、私は、夢を語るといつも批判され、打ちのめされてきました。そのため、周到に準備して理屈を重ね、絶対に相手が批判できないようにしていたのです。それこそが完璧なプレゼンテーションだと思っていました。

しかし、理屈では勝っても、相手は、決して私の夢の応援者にはなってくれませんでした。

「理屈は、動機にならないのではないか」
「共感と感動こそが、人を動かすのではないか」

次第に、私は、このように考えるようになっていきました。

では、どうしたら、夢を実現させた彼らのように、相手に共感と感動を与えることができるのだろうか。ふと、学生時代の出来事を思い出しました。それは、友人とのちょっとした言い合いです。

私は、中学・高校とずっと卓球部でした。私の親友は、テニス部でした。私は卓球部の部長で、彼はテニス部の部長です。

ある日、彼は、私に対して「卓球部ってさあ、バドミントン部に追いやられて、講堂の隅のほうで、小さな卓球台に向かってチョコマカやってるけど、卓球は、なんか暗くて地味なスポーツだよね」と言いました。私は猛反発しました。

「冗談じゃない。何を言っているんだ。卓球というのはな、相手が打ってくる速い球に対して、瞬時に相手の隙を見つけて、狙ったエリアにさまざまな回転をかけた球を打ち返すんだ。相手との距離が近い分、コンマ何秒の間で駆け引きが行われるんだぜ。集中力がものを言うんだ。どんな球をどこに打つのか、頭の中では常に読み合いをしているんだ。こんなに面白いスポーツはない。それに比べて、テニスは何だ。あんな大きなコートで、大きなラケットを持って、大きなボールを打って何が楽しいんだ。私から見ると、テニスは、スポーツというより遊びだな。卓球のスピード感、駆け引き、緊張感に比べたら、テニスなんか、あまっちょろい」

このように、私と彼の話はまったくかみ合いませんでした。彼は、なんと言ってもテニスのほうが面白いと言うし、私は卓球のほうが断然面白いと言います。

なぜ二人がわかり合えなかったのかと言うと、私はテニスをやったことがなく、彼は卓球をやったことがないからです。お互いに、面白さを詳細に理屈で説明しても、体験したことがないため、いま一つイメージが湧きません。いくら理屈で説明しても、その魅力は伝わらず、共感できませんでした。

この大昔の出来事は、悩みを解決するヒントになりました。

同じ体験をしていないことが共感できない原因だとしたら、同じ体験をすればいいということになります。しかし、どうやったら、プレゼンテーションで、同じ体験を相手にしてもらえるのでしょうか。しかも、新規事業や新商品など、今現在ないものは、どうやって体験してもらったらいいのでしょうか。タイムマシンにでも乗らない限り、未来のものを体験することはできません。

でも、やり方は100万通りあるはずです。何かいい方法はないものかと思案した結果、まったく同じ体験はできなくても、同じような体験ならできることに気付きました。疑似体験です。

一般的に、室内を明るくして見るテレビの現代ドラマは、よくある日常を描き、真っ暗にして見る映画は、非日常の世界を描きます。日常の世界とは、私たちが共通体験を持っている世界です。当然、共感することが多々あります。しかし、私たちは、非日常の世界を描いた映画を見ても、共感し、感動の涙を流すことがあります。どうしてそのようなことが起こるのかと言うと、その映画を見ることで疑似体験するからだと思います。特に、最近の映画は、3Dによる立体映像と、サラウンド音声、イスまで振動させるものもあり、とことん体感型になっています。

私は、プレゼンテーションに映像や音楽を入れることで、夢が実現した世界を描ききり、それを疑似体験してもらおうと考えました。

具体的に言うと、まず、その夢が実現することで、人が幸せになっていく物語をつくります。次に、映像と音楽とナレーションによって、見る人の脳裏に物語を描ききります。あたかも、その物語を一緒に歩んでいるかのような錯覚、つまり疑似体験をしてもらうのです。

私は、このまったく新しいプレゼンテーションを、まず岩手県で実施してみました。たまたま岩手県では、起業家向けの連続講座の講師をさせていただいていたことから、スクールの最後に、発表会としてプレゼンテーションの大会を実施してみたのです。

最初、この新しいプレゼンテーションの方式に主催者側は戸惑い、音楽や映像を入れる必要性をなかなか理解してもらえませんでした。しかし、「人は共感しないとわかってくれない」こと、「共感してもらうためには疑似体験がどうしても必要」なこと、「そのために音楽や映像を入れる」ことを繰り返し話して、ようやく理解してもらうことができました。

その後、この新しいプレゼンテーションは、ブラッシュアップを続け、今日の「夢（ドリーム）プラン・プレゼンテーション」（ドリプラ）という形式に結実しました。

ドリプラでプレゼンテーターが伝えることとは、「最高の価値の体験」と「諦めない理由」の二つです。最高の価値とは、夢がかなうことで、社会にもたらされる幸せです。それを、小学校の子どもたちが見ても感動できるように、わかりやすい物語にして伝えます。そうすることで、見る人に疑似体験してもらい、共感を誘います。

しかし、人は、「共感」だけでは、夢の応援者にまでは、なってくれません。「共感」によって、わかり合うことはできても、一歩踏み出して、応援者になろうとまでは思ってもらえないのです。

行動を起こしてもらうためには、もう一つ大きな動機が必要です。それが「感動」です。「感動」は、「まさか、そこまでやるとは思わなかった」という人に出会った時に、湧いてくる強い感情です。相手に、自分が「そこまでやる」人間であることを信じてもらうためには、本気かどうか、とことんやる気があるかどうか、その根拠を示す必要があります。それが「諦めない理由」です。

私は、「最高の価値の体験」と「諦めない理由」の二つをプレゼンテーションに必ず入れてもらうようにしています。

このようなことがありました。ある大手の会社で、中期経営計画を全社員に発表することになりました。私は、その会社の顧問としてお手伝いをしていました。

中期経営計画を作成した役員は、ほかの役員たちにその計画の説明をし、「質問はありますか？」と尋ねました。私は、次のような質問と提案をさせていただきました。

「役員のみなさん、これを全社員に発表する際に、この中期経営計画と自分の人生観を関連付けて発表することは可能でしょうか。自分の入社動機や、働く意味や、自分が大切にしている価値観と、この中期経営計画を関連付けて説明することで、経営幹部が、どんなに苦しいことがあっても、諦めず、必ず達成させようとしていることが伝わります。そうすれば、説得力が全然違ったものになります」

発表会の日になりました。役員たちは、本当に、全社員の前で、自分は、なぜこの中期経営計画を実現したいのかを自分の人生観や価値観とつなげて話してくれました。発表が終わると、感動的な光景が待っていました。社員全員がスタンディングオベーションをしたのです。鳥肌が立つような光景でした。人は、諦めない人を応援したくなることを、あらためて実感しました。

さて、ドリプラの話に戻します。ドリプラは、10分間という限られた時間で、夢がかなった時の物語を、諦めない理由とともに描ききります。会場の観客は、その物語を見て、疑似体験します。

10分後、観客とプレゼンテーターとの人間関係は、大きく変化します。観客は、共感し、その夢に「価値」を感じ、ファンになってしまいます。そして、夢の応援者になってくれます。たった10分で、ここまで人間関係は変えられるのです。これはすごいことだと思います。

プレゼンテーションが成功したか失敗したかは、プレゼンテーションが終わった瞬間にわかります。例えば、失敗すると、大概、次のように言われます。

「福島君、君はそう言うけどね、マーケティングのことをわかっているの？　財務のことはわかっているの？　資金調達はどうするの？　君は、そういうことをちゃんとわかっていないでしょう。それでは事業なんかできないよ」

このようにプレゼンテーションに失敗すると、相手は客観的な評価をするだけになります。ひとごとにしてしまうのです。プレゼンテーションの目的は、夢の実現に向けて、自分に足りないものを周りから集めてくることです。相手が動かないということは、集めることに失敗したことを意味します。

一方、プレゼンテーションに成功すると、相手の反応は正反対になります。

「よかった。福島君、あなたはマーケティングのことを何もわかっていないんだね。実を言うと、私はマーケティングの専門家なんだよ。任せてくれ」

「福島君、あなたはお金がないんでしょう。よかった。ぼくはお金持ちだよ。一緒にこの夢を実現させようじゃないか」

この反応の違いは、共感と感動を得られたか、得られなかったかの違いです。共感と感動が得られると、ファンになってくれます。プレゼンテーションの成否は、相手の人にファンになってもらえたかどうかで決まります。

ファンになってくれた人たちは、その夢を実現するために足りないものがあると、自分の出番がやってきたと考え、支援しようとしてくれます。ということは、起業段階では、足りないものがあってもいいということです。足りない資源を集められる人間になればいいのです。支援してくれるファンをたくさんつくるプレゼンテーションができれば、それでいいのです。

相手に共感と感動をもたらし、ファンをつくるプレゼンテーション、それこそが夢をかなえるプレゼンテーションだと思うのです。

45 人を育てる

人を育てるということについてお話しします。

よく、「人を育てる」と言いますが、そもそも人が「育つ」とは、どういう状態になることを言うのでしょうか。これは、けっこう深いテーマです。

人を育てる時に、大切なことが二つあります。この二つが明確になっていないと、人を育てることはできません。

一つは、人が完全に育った状態、つまり究極の人間の状態とは、どういう状態なのかを明確にすることです。どんなことにも言えますが、ゴールが示されないと、どうしていいのかわからなくなります。人を育てるにあたってのゴールは、人が完全に育った状態です。

私は、人が完全に育った状態（究極の状態）を「自立型人材」に育った状態だと考えています。つまり、自分で考えて、行動して、どんな困難や問題も乗り越えていく人です。そういう人に育てることを「人を育てる」と言います。

私たちは、無意識でいると、人を育てると言いながら、実は、思いどおりに部下を動かしているにすぎないことがあります。そのほうが自分にとって楽ができるからです。端的に言うと、自分にとって都合がいい部下を集めているだけです。これでは、人を育てているとは言えません。

もう一つは、ゴール（人が完全に育った状態）にたどり着くためのやり方を明確にすることです。人を育てるためのやり方を「メンタリング」と呼んでいます。つまり、「自立型人材」に育てるノウハウです。

「自立型人材」というゴールと、メンタリングという人を育てるためのノウハウ、この二つが明確になって、初めて人を育てることができるようになるのだと思います。

46 コントロールとメンタリング

リーダーは、部下をマネジメント（管理）する際、無意識でいると、部下を自分の意のままに動かそう（コントロールしよう）としてしまいます。そのほうが自分にとって都合がいいからです。つまり楽ができるからです。

その際、使われるのが、「恐怖」という「感情」（心の動き）です。「恐怖」には、人を動かす強い力があります。

「この件は業務命令だ。この意味はわかっているな」

恐怖を感じた部下は、「やらないと、つらい目に遭うかもしれない」「やってしまえば楽になる」と考え、渋々上司の命令に従います。

この時の部下は、恐怖によって動かされている状態です。言われたことはやりますが、言われたことしかやろうとしません。なぜなら、人は、一方的に命令されたり、支配されたりすると、「やったふり」をするからです。つまり、最低限の仕事しかしなくなります。このような姿勢を「依存型の姿勢」と言い、そのような姿勢をとる人材を「依存型人材」と呼んでいます。

このように、人をコントロールするタイプのリーダーを「コントローラー」と言います。本人は、人を育てているつもりでも、実態は、思いどおりに部下を動かしているにすぎません。端的に言うと、自分にとって都合がいい部下を集めているだけです。これでは人を育てているとは言えません。むしろ、依存型人材をつくることになってしまいます。

「依存型人材」の部下は、いつも仕方なくやっているため、「やらされ感」が募ります。しかし、上司から見れば、表面上、部下が意のままに動いていることから、上司の満足度は非常に高まり、「恐怖」でコントロールするマネジメントをさらに続けようとします。

一方、部下は、やらされ感がどんどん募り、それに連れて、依存型の姿勢をさらに強め、ますます自分で考えて行動しなくなっていきます。

社内に「依存型人材」が増えてくると、「相互依存の関係」ができあがります。すると、他人や周りの環境に対して「こうしてほしい」「ああしてほしい」と要求ばかりするようになります。社員が自己中心的になり、問題が起こっても助け合おうとしません。これでは、社内で信頼関係が築けず、最高のチームはつくれません。前向きに何かを創造することもできません。

それでは、「自立型人材」を育てるためには、どのようにすればいいのでしょうか。私は、そのやり方を「メンタリング」と呼んでいます。

メンタリングは、コントロールとはまったく異なる「感情」を使います。それは「尊敬」です。上司への「尊敬」の念です。

人は、尊敬する人に対して、謙虚になり、話をよく聞こうとし、共感します。尊敬する人と一緒にいると、勇気が湧き、元気になり、やる気が出ます。

「あの上司が言うなら、やってみよう」
「あの上司と一緒にいると元気が出る」

「あの上司のためなら、がんばろう」
「あの上司のように輝きたい」
「私も、夢に挑戦してみよう！」

このように、人は、尊敬する人と一緒にいると、モチベーションがどんどん高まり、自分から考えて行動するようになっていきます。

その結果、いかなる環境や条件においても、自らの能力と可能性を最大限に発揮して、道を切り開いていこうとする「自立型の姿勢」が身に付きます。

そして、ついには自分で考え、行動し、どんな困難や問題も乗り越えていく「自立型人材」に育つのです。

私は、「尊敬」によって、部下を育てるノウハウを「メンタリング」と呼んでいます。

コントロールは、「恐怖」によって部下を動かしますが、メンタリングは、「尊敬」によって部下が自発的に育ちます。

47 メンタリング・マネジメント

「メンタリング・マネジメント」とは、メンタリングというノウハウで、社員を自立型人材に育て、それによって企業の生産性と価値を高めていこうとする「組織論」です。

言い換えると、社員一人ひとりの無限の可能性を引き出し、魅力的な人間に育てることで、ひいては企業も魅力的になっていこうとする考え方です。人をとても大事にした経営ノウハウと言えます。

このようなメンタリングを行うリーダーのことを「メンター（MENTOR）」と言います。

メンターとは、ギリシャ神話に出てくる老賢人「メントール」がモデルになっていると言われています。メントールが、オデュッセウス王の息子を立派な王子に育てたことから、「メンター」という言葉は、究極の人材育成者の代名詞として使われるようになりました。

1980年代、私は、世界の経営者に会いたくて、何度もアメリカに渡りました。メンターという言葉を初めて聞いたのは、そのころです。それから25年間、人をやる気にさせるメンターとは何か、人を自立型人材に育てるメンターとはどういうものか、ずっと研究してきました。

やがて、私はメンターのことを「究極のリーダー」と言うようになりました。なぜ究極と称したのかと言うと、そこにその人がいるだけで、周りの人がやる気になり、人が自然に育っていくという現象が起こるからです。

例をあげると、読売巨人軍の終身名誉監督、長嶋茂雄さんがそうです。長嶋さんが現役を引退したのは1974年です。引退してから40年以上が経ち、近年、大病も患ったため、かつてのようなプレーを選手たちに見せることはできません。それでも、長嶋さんは、今も選手たちから尊敬され、憧れの対象になっています。そこにいるだけで、みんなのやる気を引き出すことができるのです。

長嶋さんが練習に顔を出すと、彼の周りに選手たちが集まり、長嶋さんの話を熱心に聞こうとします。これは、野球人に限ったことではありません。いまもリハビリを続ける姿は、たくさんの人に、がんばる勇気を与えています。こうした存在が究極のリーダーであり、まさにメンターだと思います。

私は、メンタリングの神髄は「言わずしてやる気にさせる」ことであり、「教えずして人を育てる」ことだと思います。


メンターは、三つの要素を用いて「メンタリング・マネジメント」を行います。それは、「見本」「信頼」「支援」の三つです。この三つの要素は、影響力に違いがあります。

まずは「見本」です。メンターは、「私も、あの上司のようになりたい」などと、部下から尊敬される「見本」を示す必要があります。

ここで大事なことがあります。それは、尊敬されるかどうかは、「相手が判断する」ということです。自分では、尊敬されるような「見本」を示せているつもりでも、相手がそう思わなければ、示せていないことになります。

私の恥ずかしい経験をお話しします。かつて、私は、メンターという言葉を世の中に広めたくて、自分の名刺に「エグゼクティブ・メンター」という肩書を付けてしまったことがあります。しかし、どうも違和感がありました。それもそのはずです。エグゼクティブ・メンターの意味をよく考えてみると、「とても尊敬される人」になります。つまり、私は、自分自身のことを「とても尊敬される人」と称していたことになるのです。これは、とてもインチキくさい肩書です。尊敬されているかどうかは、自分が判断することではありません。周りの人からそう思われて、初めて尊敬されていると言えるのです。

メンターが尊敬される「見本」を示すためには、常に、尊敬される人を目指して、努力していくしかありません。自立型人材を育てたければ、まず自分自身が自立型人材になって、「見本」を示すしかないのです。そうすることで、「私も、あの上司のようになりたい」と尊敬してもらえるのだと思います。「見本」とは、メンターの生きざまそのものと言えます。私は、「見本」は相手に与える影響力の7割を占めていると考えています。

次は「信頼」です。「信頼」とは、相手を受け入れることです。人間関係においては、「自分が相手にしたことが自分に返ってくる」という法則があります。「信頼」も同じです。人は、自分を信用し、受け入れてくれた人の話しか聞こうとしません。ですから、相手に自分の話を聞いてもらいたければ、まず、相手を「信頼」し、受け入れて、話をよく聞くことです。メンターは、どのような相手でも、相手を「信頼」する勇気を持つことが大切です。私は、「信頼」は影響力の2割を占めているのではないかと考えています。

最後は「支援」です。「支援」とは、相手をやる気にさせる「きっかけ」を与えることです。どのようなことでもかまいません。本をプレゼントするのもいいですし、元気になるように励ますのもいいと思います。一歩踏み出す勇気を与えることが「支援」です。私は、「支援」は、影響力の1割を占めていると考えています。つまり、見本が7、信頼が2、支援が1の割合です。

メンターは、この「見本」「信頼」「支援」という三つの要素を用いて、「メンタリング・マネジメント」を行っていきます。

48　見本

メンターに必要な三つの要素のうち、一つ目の「見本」について、私の体験を交えてお話しします。

かつて、私が起業家を支援する事業を始めようとしていたころのことです。「人を育てることを仕事にしたい」「一生をかけて起業家の育成に取り組んでいきたい」という熱い思いはありましたが、具体的にどうやって人を育てたらいいのかがわからず、とても悩んでいました。

リーダーシップに関する本を片っ端から読みましたが、私が人を育てている具体的なシーンを思い描くことはできませんでした。理屈はわかるのですが、いま一つイメージが湧かなかったのです。

まさに五里霧中でした。私は、会う人、会う人に「どうしたら人が育つのですか」と、わらにもすがる思いで尋ねていました。そんなある日、ついに、その答えを知る人と出会うことができました。

その人は、私が、仲間との勉強会に使っていた小料理屋の女将《おかみ》です。「すごい人だ」という、うわさは聞いていましたが、会ったことはありませんでした。

その日、いつものように、その小料理屋でみんなと議論していると、そこへ女将が現れました。女将は、あいさつもソコソコに、私にこう言ったのです。

「あんた、いったい何がしたいのさ」

いきなりの、ぶっきらぼうな物言いに、私は、あっけにとられました。女将の気迫は、すさまじく「ちゃんと返答しないと承知しないよ」と言わんばかりでした。

私は、その気迫に負けまいとして、「人を育てたいんです」と答えました。すると、突然、女将が怒り出したのです。

「人を育てたいだって？　なに寝とぼけたことを言ってるんだい！」

私は、「なんで、初対面の人から、こんなに怒られなきゃいけないんだ」と思いながらも、「自分が創業時、何もわからずとても悩んだこと」、そして「起業家を目指す人の中には、同じように悩んでいる人がたくさんいると思うこと」、それなら「自分の経験がその人たちの役に立つのではないかと思ったこと」など、私が起業家を育てたいと思っている理由を説明しました。

それを聞いた女将は、吐き捨てるように言いました。

「あんたには無理よ」

私のことを何も知らないのに、無理だと決め付ける女将の態度に、腹が立ち、反論したくなりました。

「どうして無理だと言えるのですか？」

「じゃあ聞くけど、あんた何者なのよ」

「何者って…」

「あんた、神なの？」

「か、神？」

「あんた、未熟者でしょ。未熟者のあんたが、どうして人を立派に育てられるのよ。育てられるわけがないじゃない！」


女将にしてみれば、「まだ何もわかっていない未熟者のくせに、人を育てるなんて、冗談じゃないわよ」と思ったのでしょう。

女将の言葉は、私の心にグサリと突き刺さりました。そのとおりだったのです。この時、私はこの女将についていくことを決意しました。「この女将は、きっと人の育て方を知っているに違いない」と思ったのです。

その小料理屋は、夜に利用すると1万円以上するようなお店でしたが、昼なら、ちょっとしたお弁当が1500円ぐらいで食べられます。私は、この女将から「たくさんのことを教えてもらいたい」と思い、昼食時にその小料理屋に通うようになりました。

女将は、私に1冊の本を渡して、「これを読んで感想を言いなさい」と言いました。早速、家に帰って読んでみました。当時、たくさんの本を読んでいたこともあって、そこに書かれている内容は、すでに、なんとなくわかっていたことばかりでした。

後日、女将に「この本が言いたいことは、たぶん、こういうことだと思います」と、感想を言いました。すると、女将はこう言ったのです。

「あんたこの本を読んでないでしょう。読まないでよく来たね。ちゃんと読んでから来なさい」

私は、最後まで読んでいたので、「読みましたよ！」と言いたかったのですが、女将が読んでいないと言うからには、「もしかしたら、私が気付かなかった何かが、どこかに書かれていたかもしれない」と思い、もう1回、家できちんと読んでみることにしました。すると、1回目に気付かなかったことが、たくさん書かれてありました。本とは面白いもので、同じ本でも、読む時の気持ちによって得られるものが違うことがわかりました。

私は、また女将に会いに行きました。「女将さん、この本にはこういうことが書いてあったんですね。こういうことがわかりました。ありがとうございます」と、意気揚々と話しました。すると、女将はこう言いました。

「あんた、また読まないで来たでしょう。いいかげんにしなさい。ちゃんと本を読んでから来なさい」

私は、またしても女将に怒られてしまいました。しかし、私はかなりきちんと読んだつもりでした。

「おかしいなあ、ちゃんと読んだのに。まだ気付いていないことがどこかにあったのかなあ」

今度は、前書きや後書きも、一字一句じっくり読んでみました。もしかするとその辺に、女将が言いたいことが書いてあったのかもしれないと思ったからです。すると、2回目に気付かなかったことが、たくさん書かれてあったのです。

私は、「女将さん、またこんなことに気付きました。女将さんが言いたかったのは、実は、こういうことだったんですね」と得意満面に話しました。すると、女将はこう言いました。

「もう、いいかげんにしてよ。あんた、なんで毎回本を読まないで来るのよ」

こうして、またもや私は追い返されてしまいました。こうした不思議な問答が半年続いたある日、女将が言いました。


「はい、あんたは出入り禁止！」

「えっ？　女将さん、なんで出入り禁止なんですか？」

「だって、あんたはもう人の育て方がわかったでしょ」

「えっ、どういうことですか？　わからないからこうして来ているんじゃないですか」

「あんたは、どこまでバカなのよ。あんたはこの半年間いったい何をしていたのさ」

「私は、人を育てるノウハウが知りたくて、女将さんに言われるがまま、何度も本を読み返しましたが、どこにそれが書いてあるのかわからず、いつも追い返されてしまって、いまだに人の育て方はわからないままなんです」

「バカだねえ、あんたは、私がどんなに否定しても、どんなに怒っても、通い続けたじゃないか。あんたは、人を育てたいという夢を実現するために、決して諦めずに通って来たでしょ。その姿を人に見せればいいんだよ。それが人を育てるってことさ」

私は、大変な衝撃を受けました。私自身の生き方が、すでに人を育てていると言われたからです。夢を持って、諦めないで挑戦し続けていく姿を人に見せることが、人を育てることになる、と気付いた瞬間でした。私みたいな未熟者でも、人を育てられることがわかりました。

人を育てようとすると、ややもすれば育てたい相手に意識がいって、相手の欠点を矯正しようとしたり、足りない部分を補おうとしたり考えがちですが、相手のことを考える前に、育てようとしている自分自身が、どういう生き方をしているのか、それを振り返ってみることが大事だと思います。

人に勇気を与える一番の方法は、自分の勇気を見せることです。それと同じように、人を育てる一番の方法は、自分が育った姿を見せることだと思うのです。つまり、自分自身が「見本」になるということです。人材育成における「見本」とは、人が完全に育った状態、つまり「自立型人材」を言います。

「見本」になるのは、容易なことではありません。それでも、自分自身が「自立型人材」にならなければ、人を「自立型人材」に育てることはできません。

自立型人材になるということは、「どのような環境に置かれても、決して諦めず、道を切り開いていこう」という生き方を選ぶということです。その生き方は、困難を伴うでしょうが、充実感にあふれた人生だと思います。

自分自身が充実した人生を歩むこと、それが「見本」となり、人を育てることにつながっていくのだと思うのです。

49 信頼

メンターに必要な二つ目の要素「信頼」についてお話しします。

「信頼」は、人間関係のベースになるものです。自分が人を信頼するからこそ人からも信頼されます。「信頼」は、とても大切な意味を持つ言葉なのですが、ややもすると、私たちはこの言葉を気軽に使いがちです。


「君を信頼しているからな」

「信頼したから任せたのに」

人を「信頼」するのは、そんなに容易なことなのでしょうか。このような話があります。

ある企業では、新しく管理職になる人向けに、3日間の研修を行っていますが、これがちょっとユニークな研修なのです。

新任管理職の人たちは、その研修を受けないと部下が配属されないため、みんな必死に受講します。その研修の冒頭、研修責任者はこう言います。

「さあ、皆さん、この研修が終わると、皆さんには部下が配属されます。どんな部下が配属されるのかは、まだわかりません。どんな部下が配属されても、その部下のことを一生涯愛し続けることを約束できる人は手を挙げてください」

すると、なんと半分ぐらいの人が、即座に「はい」と手を挙げます。半分ぐらいの人は、「えっ、一生涯かよ…」と、一瞬ためらいます。

その一瞬を逃がさず、研修責任者はこう言います。

「はい、いま手を挙げていない人たち、あなた方はこの会場から出ていきなさい。あなた方に部下を配属することはできません。直ちに出ていきなさい」

手を挙げなかった人の研修は、その瞬間に終わりとなります。実は、即座に手を挙げた人は、みんな昨年研修会場から追い出された人たちでした。二度と同じ目に遭わないために、迷わず手を挙げたのです。

この研修のポイントは、まさにそこにありました。部下を持つということは、その部下がどのような人間であるのかにかかわらず、その部下を一生涯愛し続ける「勇気を持つ」ということなのです。

人は、自分を受け入れてくれた人を受け入れ、自分を信じてくれた人を信じます。まずは、上司が部下を受け入れ、一生涯付き合う覚悟を持つことが、信頼関係のベースになるのだと思います。

今度は、私が人を信頼することの難しさを痛感した出来事をお話しします。

私が講師をしていた、行政主催の経営者向けセミナーでのことです。新規事業を立ち上げようとする人たちを応援するセミナーで、受講生は300人くらいいました。

その受講生の中に、1人、とても不思議な人がいました。いつも最前列に座っているのに、いつも寝ているのです。講義が始まる前から寝ていて、終わると目を覚まして帰ります。「このおじさんは、やる気がないんじゃないか」と思いながらも、何となくいつも気になっていました。

　そのセミナーでは、受講生の中から5人を選び、その5人の事業プランを、みんなで応援して練り上げ、それを講義の最終日に発表してもらうことにしていました。

　このセミナーがスタートした当初は、受講生の中から最も優秀な人たちを選び、発表者になってもらいましたが、うまくいきませんでした。もともと経営者としての能力が高く、知識も経験もある人の事業プランは、ほかの人たちにとって、応援する余地がなかったからです。

「みんなが応援したくなって、しかも応援することで、みんなが一緒に学べるようにするには、どうしたらいいいんだろう」

　散々思案した結果、一つのアイデアが浮かびました。それは、夢がなく、事業プランも書けないような人を発表者に選ぶことでした。その人を応援することで、どうしたら夢を見つけられるのか、どうしたら事業プランを形にできるのかを、みんなで学べるのではないかと思ったのです。

　今回、まさにぴったりの人がいました。いつも寝ている、そのおじさんです。私はおじさんに、発表者に選ばれたことを伝えました。おじさんは、困り顔で「そんなことを言われても夢なんてないし、何をしていいのかもわからないよ」と言いました。私は、「みんなで応援しますから大丈夫です。みんなで考えれば、きっといいプランになりますよ」と言いました。

しかし、発表者に選ばれてからも、おじさんは、隙があると居眠りを続けました。宿題もやってきません。周りの人はいろいろ応援してくれるのですが、まるでひとごとのように聞いています。自分から周りの受講生を応援することもしません。

やる気がないとしか私には思えませんでした。そして、とうとう何の準備もできていないまま、発表会の前日になってしまいました。私はおじさんに電話をしました。いつも電話にでないので、留守番電話にメッセージを入れました。

「今晩、みんなで徹夜してがんばれば、きっといいプランができますから、諦めないで一緒にやりましょう。私たちは、一晩中、事務所で待っています！」

しかし、待てど暮らせど、おじさんは来ません。何度電話しても留守番電話のままです。

朝の5時まで待っていましたが、結局、おじさんは来ませんでした。待ちくたびれた私たちは、机の上でウトウトしていました。

すでに朝の7時になろうとしていました。突然、スタッフの1人の叫び声で、みんな目が覚めました。

「社長、エレベーター前に人がうずくまっています」

急いで駆けつけると、そこにはおじさんがいました。おじさんは、うずくまって泣いていました。「どうしたんですか」と聞くと、おじさんが小さな声で言いました。

「まさか、本当に待っているとは思わなかった…」

おじさんは、すべてを話してくれました。おじさんは、かつて会社を経営していましたが、ある人にだまされて、それが原因で会社が倒産してしまったのです。親戚や家族も巻き込んでしまい、本当にたくさんの人に迷惑をかけました。

1円でも多く返済していかなければいけない状況の中、専業主婦だった奥さんは働きに出て、娘さんも大学をやめて働くようになりました。奥さんと娘さんからは、毎日のように、きついことを言われていました。

「こんなに貧しい生活になってしまったのは、誰のせいなの？　お父さんのせいでしょ。もう人生終わりよ！」

おじさんは、何も言い返す言葉がなく、一生懸命働いて、働いて、働き続けることしかできませんでした。昼間働き、夜も仕事をしていました。すでに限界は超えていました。

「このままではダメになってしまう。なんとかしたい」

そのような思いのとき、行政が主催しているこの無料セミナーのことを知り、参加してくれたのでした。おじさんは、やる気がなかったのでも、なまけ者でもなかったのです。体力の限界なのに、それでもセミナーに参加してくれていたのです。

「いつも寝ていて、本当に申し訳ないと思っていたんですが、疲れていて、イスに座ると、つい寝てしまうんです。でも、まさか自分が発表者に選ばれるなんて…。私は人にだまされて会社をつぶしてしまって以来、人のことが信じられなくなっていたんです。だから、『一緒にがんばりましょう』とか『一晩中待っています』とか言われても、どうせ、もう帰っただろうと思っていたんです。でも、まさかと思って来てみたら、本当にみんなが待っていてくれて…」

私たちは、セミナーに参加してくれていたおじさんへの感謝の思いでいっぱいになりました。「できる限りの応援をしたい」とみんなが思いました。総出で、4時間ぐらいかけてプランを練りました。しかし、圧倒的に時間が足りません。会場の控室に入ってからも、うちのスタッフとともにギリギリまでプランを磨いていました。その時、奇跡が起こったのです。

おじさんは、起業家セミナーに参加していることを家族に内緒にしていました。事業で迷惑をかけたから、言えなかったのでしょう。ところが、その控室に突然、奥さんと娘さんがやって来たのです。一瞬、空気が張りつめました。どうなるのか、みんな固唾《かたず》をのみました。すると、娘さんがバッグの中から紙の束を取り出し、こう言いました。

「お父さん、昨夜、お母さんと一緒に、ノートをはさみで切って、手書きの名刺を作ったんだ。お父さんは、お金がないから名刺もないでしょ。だから、お母さんと私で、がんばって作ったよ。この名刺で、たくさんの人にあいさつしてね」

娘さんは、徹夜で作った300枚の手書きの名刺をお父さんに渡しました。お父さんは、その場で泣き崩れてしまいました。

発表会の本番になりました。どうしてもプランの磨きが足りないため、大したプレゼンテーションはできませんでした。それでも、おじさんは満足していました。そして、プレゼンテーションを終えると、「みなさん、これを見てください」と言って、おじさんは300人分の名刺を高々と掲げました。

「この名刺は、私の妻と娘が昨夜、徹夜で私のために作ってくれた手書きの名刺です。私は、妻と娘を幸せにするために、必ずこの事業を成功させます。必ずやります」

おじさんの宣言が終わるやいなや、会場全体が温かい拍手に包まれました。またたく間に、その手書きの名刺はなくなってしまいました。たくさんの人が、おじさんから勇気をもらいました。

この日の発表者は、全員、事業をやり遂げる決意を持っていたと思います。しかし、誰よりも、必ずやり遂げるんだという勇気と決意を見せてくれたのは、このおじさんでした。

私は、自分が恥ずかしくなりました。私は、このおじさんの過去も知らなければ、どういう思いで生きているのか、なぜセミナーに参加してくれたのか、など何も知りませんでした。それにもかかわらず、居眠りしている姿だけを見て、「このおじさんは、やる気がないんじゃないか」と評価してしまったのです。とても失礼なことでした。

よく、「人は見た目ではわからない」と言いますが、まさにそうなのです。人の思いは知る由もありません。見た目で、人を分析、評価しようとすること自体、意味のないことだったのです。

このとき、私は気付いたのです。私は、人を理解しようとしていましたが、どうやっても、人のすべてを知ることなんてできないことだったのです。それなら、人を信頼するしかありません。その人を受け入れ、その人を信頼していくしかないのです。そのことを、私は思い知りました。

人は、誰しも一生懸命に生きています。みんな理由を持って、今、ここにいます。このことを踏まえて、人を受け入れる勇気を持つことこそが、「信頼」なのではないかと思うのです。

人を受け入れるのは、簡単なことではありません。しかし、１００％信頼できなくても、今より１％信頼しようとすることならできると思います。そういう努力が信頼につながっていきます。１％信頼しようという気持ちを持つことで、人間関係は大きく変わっていくのではないかと思うのです。

50　支援

メンターに必要な三つ目の要素「支援」についてお話しします。

私は、起業家の育成や地域の活性化を、行政の委員という立場から、いろいろお手伝いしてきましたが、そのときによくお話ししていたことがあります。それは、「川があって渡れないという人に、安易に橋を架けてあげないでください」という話です。これは、インフラの話ではなく、人の育て方の話です。

例えば、川が妨げになって、向こう岸に渡れず困っている人たちがいたとします。その人たちは、「橋を架けてくれ」と訴えています。あなたが応援できる立場だとしたら、橋を架けてあげますか？

もし、橋を架けてあげたとしたら、その人たちはとても感謝するでしょう。しかし、次の川の手前で、また「こっちの川にも橋を架けてくれ」と言うでしょう。

その要求に応えて、橋を架け続けていくとどうなるでしょうか。きっと、川があるたびに、「橋がないじゃないか。なんで助けてくれないんだ」と不満を言うようになると思います。要求はエスカレートし、なんでもかんでもやってあげないといけない状態になっていきます。

これと同様のことが企業で起こるとどうなるでしょうか。なんでもかんでもやってあげると、人は楽をすることを覚え、安楽の欲求に流されるようになり、他人や周りの環境に対して「こうしてほしい」「ああしてほしい」と、要求ばかりする依存型の姿勢になります。そういう人ばかりになると、ついには企業が社会に価値を生み出せなくなって、倒産に陥ってしまうかもしれません。

それでは、「橋を架けてくれ」と訴える人たちには、どうすればよいのでしょうか。メンタリングの手法で考えてみましょう。

川があって渡れないというのであれば、まず、川を泳いで渡る姿を見せればいいのです。「見本」を示すのです。しかも、泳ぎ切って、みんなから称賛されているような、感動的なシーンも見せて、「うわあ、カッコイイなあ。ぼくもあんなふうに川を渡って、称賛されたいなあ」と思ってもらえるようにするのです。

すると、それを見た人たちは、「泳ぎ方を教えてください」と言ってきます。その時を逃さず、こう言います。

「大丈夫、大丈夫！　ぼくは君を信じているよ。君なら、絶対にできるさ」

これが「信頼」です。そして、最後に泳ぎ方を少しずつ教えていきます。これが「支援」です。

このように、まず自分が泳ぐことで「見本」を示し、尊敬され「ぼくもやってみたい」と思われるようにします。次に相手を、「信頼」し、相手を受け入れることで、こちらの話を聞いてもらえる関係をつくります。最後に、泳ぎ方を教えることで「支援」し、自分の力で川を渡れるようにします。

ただし、泳ぎ方を教えても、泳ぐかどうかは相手しだいです。つまり、「支援」とは、相手をやる気にさせる「きっかけ」と言えます。

では、川を泳いで渡れるようになったら、次はどうしたらいいのでしょうか。そのときは、もっと大きな川を渡れるように、今度は船の造り方を教えればいいのです。立派な船を見せたり、設計図の書き方を教えたりして、相手がやる気になって船を造ってみたいと思うように導きます。

そして、最後は橋の架け方を教えます。この段階までくれば、橋の架け方を教えるという「支援」さえすれば、自分で材料を集め、仲間を集め、資金を集め、橋を造れるように育っていることでしょう。これがメンタリングの考え方です。

夢や目標を達成しようとすると、必ず、何かしらの壁や問題が立ちはだかります。「高い壁があって進めません」と言う人もいるでしょう。しかし、安易に障壁を低くしたり、取り払ったりすると、その人は依存型の姿勢になってしまいます。メンタリングは、どんなに高い障壁があっても、それを乗り越えていける人を育てる「究極の人材育成法」です。

私たちは、いろいろな事業を応援していますが、そのときに、このようなことをお話しすることがあります。

「私たちは、『事業』そのものを応援するのではありません。事業を成功させる『人』を応援するのです」

なぜ、このような話をするのかと言うと、事業そのものを応援しようとすると、事業をなんとか成功させようとするあまり、「こうすべきだ」「ああすべきだ」などと、「やり方」を教えがちになるからです。コンサルティングする側が、無意識のうちに当事者になってしまい、「自分が事業を成功させるんだ」と考えてしまうからそうなるのだと思います。

するとどうなるのかと言うと、「これだけ教えたのだから、当然できるはずだ」などと、相手に対して期待をいだくようになります。しかし、他人と環境は、自分の思うようにはなりません。当然、期待は裏切られます。その結果、経営者のせいにして、「あの経営者は、しょせん事業なんてできる器じゃなかったんだ」などと嘆くようになります。

そうではなく、「事業を成功させることができる人を応援しよう」という考え方になれば、「その経営者は、どうしたらもっとやる気になるのか」「その経営者がもっと成長するためには何が足りないのか」「自分は何をすべきか」などと考えるようになります。

あくまでも事業を成功させることができるのは、コンサルタントではなく、その企業で働く社員や経営者です。「支援」という「きっかけ」を与えることで、やる気を引き出し、自分の力で夢や目的を実現できるように導くことが大事です。本をプレゼントするのもいいでしょう。アイデアを提供してもいいと思います。一緒に悩んだり考えたりするのもいいでしょう。

このように、考えていくと、「究極の支援」は何もしないことと言えます。励ますだけでいいのです。そばにいるだけでいいと思います。

しかし、こうお話しすると、「福島先生、何もしないのが究極の支援ということですが、それって本当でしょうか？　私はずっと何もしていませんが、全然人が育たないんです…」と言ってくる人がいます。この人は、きっと本当に何もしていないのだと思います。

メンターは、「見本」「信頼」「支援」という三つの要素を用いてメンタリングを行います。メンタリングにおいては、まず「見本」を示し、「信頼」することが大前提です。「支援」は、一歩踏み出すための「きっかけ」だと思うのです。

54　最強の組織

私は、最強の組織には、三つの条件があると考えています。

一つ目は、組織が、企業理念に共感した人たちの集まりになっていることです。

企業は、社員の集合体です。働く人々が、どのような思いでそこに集まり、どのような思いで働き、どのように行動し、どのような言葉を交わし、どのようなものを創造していくのかで、企業が社会に生み出す「価値」が決まります。

その働く人々の思いや言動の基準となるのが企業理念です。ですから、組織が企業理念に共感した人たちの集まりになっているかどうかは、企業にとって大変重要な問題なのです。

では、働く人々にとって企業理念とは、どういう意味を持つものなのでしょうか。言うまでもなく、働くことは「生活の糧を得る重要な手段」ですが、それだけではありません。

働くことは、一人ひとりが持っている能力や可能性などを発揮し、企業理念を現実化することで、自らの「社会的存在価値を生み出す手段」でもあるのです。このように、考えていくと、働く人々にとっても、企業理念に共感できるかどうかは、やりがいや社会的存在価値にも関係する大きな問題なのです。

組織を企業理念に共感した人たちの集まりにするためには、採用活動がポイントとなります。企業の理念をしっかり伝え、その理念を一緒に実現したい仲間だけを集めるようにしなければなりません。それは大変な苦労を伴うことかもしれません。しかし、どんなに苦労したとしても、理念に共感した人たちを集めることができれば、理念を現実化する大きなエネルギーになります。最強の組織をつくるためには、どうしても企業理念に共感した人たちの集まりにする必要があるのです。

二つ目は、働く人々一人ひとりが「自立型人材」になっていることです。「自立型人材」とは、人が完全に育った状態です。自分で考え、自分の出番を自ら見いだし、どんな困難や問題も乗り越えていく人です。

企業理念は、すべての働く人々が実践しなければなりません。もし、その中に、他人や環境に期待する「依存型の姿勢」の人がいればいるほど企業理念は実践できなくなります。理想としてはすべての働く人々が、自立型人材になっている必要があるのです。

三つ目は、働く人々が「相互支援の関係」になっていることです。「他者支援」を意識した人が集まった状態を、「相互支援の関係」と言います。

経営理念の現実化は、一人ではできません。お互いに相手を信頼し、自分が相手のために何ができるのかを考え、相手をとことん支援しようと意識するからこそ実現できるのだと思います。

人は、誰しも、強みと弱み、長所と短所を持っています。一人で何かをしようとすると短所が邪魔をしてうまくできません。しかし、みんなで相手を支援しようとすると、長所と短所を補完し合って、一人ではできなかったことが何でもできるようになります。ですから、最強の組織は、集まった人たちが、他者支援を意識する「相互支援の関係」になっている必要があるのです。

このように、最強の組織とは、企業理念に共感した人たちが集まり、その一人ひとりが自立型人材であり、相互支援の関係になっている組織を言います。私たちは、こういう組織を、「意識の組織」と呼んでいます。人の意識が最高の状態になっている組織だからです。

最強の組織とは、仕組みが素晴らしいのではなく、人が素晴らしい組織なのです。そういう意識を持っている人が集まることで、企業は社会や世の中に価値と感動を提供することができます。企業の存在意義も、そういう社員たちによってつくられるのだと思います。

これは、どんな業界も、どんな職種も、規模も何も関係なく共通することです。そこにいる人たちが、どういう意識で集まっているのかによって決まるのだと思います。企業は、人そのものなのです。

52 夢

以前、ある中学校から、「2時間ほど、夢について話してください」と依頼されたことがありました。そのときの話です。

私は、講義に先立ち、子どもたちに紙を配布して、そこに夢を書いてもらうことにしました。今の中学生が、どんな夢を持っているのかを知りたかったからです。

10分という短い時間で、どれくらい書けるのか心配でしたが、実際やってみると、なんと、みんなどんどん書いていくではありませんか。これには驚きました。みんな、たくさん夢を持っていたのです。中には36個も書いた子もいました。その子は、夢に番号を付けており、番号は36番以降もずっと続いていました。「いったいいくつ書くつもりだったのだろう…」。私は、その子にとても興味を持ち、どんな夢を書いたのか読んでみました。その内容はとても不思議なものでした。

「駅前でティッシュ配りをしたい」
「スーパーのレジが打ちたい」
「共稼ぎの夫婦になりたい」

「あれっ？　これって夢なんだろうか」と疑問に思うものばかりだったのです。もしかしたらと思って、ほかの子の夢を見てみると、やはり「工事の現場で棒を振る仕事がしてみたい」といった、すぐにでもできそうな仕事がたくさん書かれてありました。もちろん、「運転手さんになりたい」「美容師さんになりたい」といった夢もありましたが、その一方で、夢とは言えないようなありふれた仕事や、中には、「猫になりたい」といった、本当に理解できない夢までありました。
私は、強いショックを受けました。

「ぼくは、いつの間に駅前でティッシュを配る仕事を、夢とは思えない大人になってしまったんだろう。いつの間に、ぼくは猫になれないと思うようになってしまったんだろう?」

　子どもたちの目には、どんな仕事も夢に見えていました。子どもたちは、猫にだってなれるかもしれないと考えていたのです。しかし、同じものを見ても、私の目にはそうは見えていませんでした。

「ティッシュ配りが夢だって? そんなの夢とは言わないよ」
「猫になりたい? ムリに決まってるじゃないか。もっと現実的に考えなきゃダメだよ」

　子どもたちと、私と、どちらが夢を持っているのか、それは考えるまでもなく明らかでした。夢について子どもたちに語る私よりも、話を聞いてくれる子どもたちのほうが、はるかに夢を持っていたのです。完全に立場が逆転していました。
「もしかしたら、夢がない大人が講師として来てしまったのではないか」。こんなふうにも思いました。その夢のない大人とは、私のことです。
　人間には無限の可能性があります。よくよく考えてみたら、どんな仕事も夢になるし、もしかしたら車や家や猫にだってなれるかもしれないのです。いまだに、猫になるためにはどうしたらいいのかわかりませんが、ＳＦ映画の世界が現実になっているように、人間は、将来、何かしらの方法でそれを実現させてしまうかもしれないのです。

私は、１５０人の子どもたちが書いてくれた夢を一つひとつ読ませていただきました。子どもたちの夢を読んでいると、「これも夢になるんだね」「どんな動物にも、人間はなれるかもしれないんだね」という気付きがたくさんありました。読んでいるだけで、無限の勇気が湧いてきました。もう、「ありがとう」しか言えなくなってしまいました。私の夢に対する概念が大きく変わりました。それを教えてくれたのは、１５０人の子どもたちです。私は、つたない講義の最後に、子どもたちに感謝の言葉を伝えました。

「今日は、ぼくみたいな夢のない大人が来てしまって、本当に申し訳ありません。今日、ぼくはみんなから夢をもらいました。生きる力ももらいました。人間の無限の可能性にも気付かせてもらいました。本当にありがとう」

講義を終えた私は、校長室で、校長先生をはじめ先生方に、正直に感想を話し、「今日は、夢のない大人が来てしまって、すみませんでした。こんなにお時間をいただいたのに、逆に、子どもたちに教えられることばかりでした」とおわびしました。

すると、体育の先生が、私に、こんなことを話してくれました。

「福島さん、どうして子どもたちは、どんな仕事でも夢にできるのか、わかりますか?」

「いや、わかりません…」

「子どもたちには、仕事の中身はわからないかもしれません。でもそんなことは彼らには関係ないんです。だって、彼らは、仕事をしている大人たちの姿や表情を見ているだけだからです。その大人たちが笑顔で仕事をしていたら、子どもたちは、それを夢にするんです。ですから、きっと駅前でティッシュを配っていた人は、笑顔で生き生きと働いていたんじゃないかなあ。子どもたちは、そういう姿を見たんだと思いますよ。スーパーのレジ打ちをしたいと書いた子は、きっとレジを楽しそうに打っている人を見たんですよ。共稼ぎの夫婦になりたいと書いた子は、お父さんとお母さんがすごく仲が良くて、いつも楽しそうに過ごしているんだと思います。猫になりたいと書いた子は、もしかすると猫が笑顔で道を歩いていたように見えたんですよ」

この話を聞いて、合点がいきました。子どもたちが見ていたのは、大人たちの姿だけだったのです。それをしている人の姿が、笑顔かどうか、楽しそうかどうか、輝いているかどうかだけだったのです。その仕事の困難さ、ステータス、待遇、そのようなものはまったく関係なかったのです。

例えば、世界で戦うアスリートたちは、毎日、とてもハードな練習をしています。ケガやスランプなど、壁や問題と向き合い続けています。休みもありません。どう考えても、おいそれと夢にできるようなものではありません。

しかし、そんな過酷なアスリートたちが、オリンピックなどで金メダルを取り、最高の笑顔で感激の涙を流したとしたら、子どもたちの目にはどう映るのでしょうか。きっと、どんなに苦労をしても、そういうアスリートになりたいと思うのではないでしょうか。これは、スポーツに限らず、どんな仕事にも通じることだと思います。

社会を、子どもたちの夢であふれたものにできるのは、大人たちです。大人たちが、自分たちの仕事に誇りを持ち、生き生きと仕事をすることが、子どもたちに夢を与えることになるのだと思うのです。

53 まとめ

私は、これまで、いろいろな人にお会いして、たくさん大切なことを教えていただき、多くの気付きを得ました。本書の最後に、最も大きなことに気付かせてもらった話をご紹介したいと思います。

私は、一時期、難病の子どもたちを応援していたことがあります。そのときに、一人の女の子の写真を見る機会がありました。その女の子は、鉄パイプのような器具で、頭部を矯正固定されていました。ひと目見ただけでつらくなる姿でした。私は、写真から目をそらし、その写真を見せてくれた人に尋ねました。その人は、病院でこの女の子を介護している人でした。

「これはいったいどういう病気なんですか」

「この女の子は、進行性の難病なんですよ。骨の変形を防ぐために、こうして固定しておかないといけないんです」

その話を聞いて、びっくりしました。そういう難病があることすら知りませんでした。申し訳ない気持ちになり、あらためて写真の女の子に目線を下ろした時、私は気付いてしまったのです。「もしかしたら笑っている…」。そうなのです。この女の子は疼痛《とうつう》に耐えながら、笑っていたのです。私は、この子が笑顔でいられる理由を尋ねずにはいられませんでした。

「お母さんのためなんですよ。お母さんは、この子がつらそうにしていると、苦しくなって泣き崩れてしまうんです。この子は、そんなお母さんの姿を見たくなかったんでしょうね。お母さんが悲しんでいると、自分がもっと悲しくなるんだと思います。だから、この子は、お母さんが来た時は、いつもがんばって笑顔でいたんですよ。偉いですよね。でも、それだけじゃないんですよ。ほかの人が来た時も、自分の姿を見て悲しまないように笑顔で迎えているんです」

この女の子は、自分がつらいことよりも、人がつらそうにしているのを見るほうが、もっとつらかったのです。人を気遣う、強い子でした。

この女の子は、絵本が大好きで、病院にいる間、ずっと絵本を読んでいるそうです。そして、そのうちに、自分で絵本の物語をつくるようになったと言います。その中に、「強い子」という物語があります。それは、彼女がこの世に生まれる前の、こんな物語でした。


天国では、神様が赤ちゃんたちを集めてプレゼントを渡しています。そのプレゼントとは、生まれていく環境を定めたものです。赤ちゃんたちは、順番に、神様の前に進み出て、「この国に生まれたい」「お金持ちの家庭に生まれたい」などと、願いを言います。神様は、その願いをかなえ、そのとおりのプレゼントを渡していきます。赤ちゃんたちは、プレゼントを受け取ると、この世に生まれていきます。

彼女の順番が来ました。しかし、彼女は、どんなプレゼントにするのか決まっていませんでした。何を願おうか迷っていた時、ふと、神様の後ろに「重い病気」というプレゼントがあることに気付きました。彼女は神様に尋ねました。

「それはどんなプレゼントなの？　どうして後ろに隠しているの？　誰がもらえるの？」

「これをもらった子はね、生まれてからずっと苦しまなきゃいけないんだよ。だから、これを受け取る子は、一番強い子じゃなきゃダメなんだ。その子が来るのを待っているんだよ」

彼女は、神様の言葉の意味がわかりました。自分がそのプレゼントをもらわなかったら、誰かがそれをもらうことになるのです。彼女はそれが耐えられませんでした。

「自分以外の誰かが、苦しむ姿なんて絶対に見たくない」と思いました。そして、彼女は神様にこう言いました。

「私が、その一番強い子よ。だから、そのプレゼントは私にちょうだい。ほかの子が苦しむのはイヤだから、絶対にほかの子にはあげないでね」

「そうか、君が一番強い子なんだね。君が来るのを待っていたよ」

女の子は、この絵本の物語をお母さんに話し、こう自慢したそうです。

「お母さん、見て。これが神様がくれたプレゼントなの。神様は私が一番強い子だと認め

それぞれ大切な役割がある

てくれたから、このプレゼントをくれたのよ。お母さん、私は一番強い子なのよ！」

実は、彼女の物語は、まんざら絵空事とも言えないのです。「すべての人間は、少しずつ違う遺伝子を持って生まれてくる必要がある」という説があります。もし、みんなが同じ遺伝子を持って生まれていたら、恐ろしい病気がはやったときに、人類はとっくに絶滅していたはずだからです。遺伝子がズレているのは、どんな病気がはやっても、人類が生きながらえるようにした種の知恵だとも考えられます。

しかし、一方で、この遺伝子のズレは難病を引き起こす要因の一つになってしまうこともあります。そう考えてみると、難病の子どもたちがいてくれたからこそ、人類が生きながらえることができたとも言えるのではないでしょうか。

世の中に、必要のない人間なんて、ただの一人もいません。みんなが必要な存在であり、大切にされるべき存在として、この世に生まれてきました。人には、生まれてきた意味があり、大切な役割があるのです。それは、誰かの役に立つという役割だと思います。

人の命には限りがあります。限りある命は、ほかの人の役に立ってこそ、輝くのではないでしょうか。人が生まれてきた理由は、そこにあるのだと思うのです。

あとがき

「仕事は、人が幸せになるためにするもの」

「事業は、人を幸せにするためにするもの」

「企業は、人が幸せになる場所」

「経営とは、あらゆる手法を駆使して、社会に貢献すること」


私は、ずっと悩んできたことを真経営学として、この一冊の本にまとめました。

もしかすると、これは理想ばかりを追い求めてきた私の思い込みにすぎないかもしれません。しかし私は、理想ときれいごとが世界をより良くすると信じています。

学生時代、私は出社する社会人が朝から笑顔ではないことが気になりました。

「どうして、これから会社に行くのに、ワクワクしていないのだろう？」
「会社に行くことはつらいこと？」
「生きるために仕方なく仕事をする？」

それなら働きたくないと思い、せっかく就職した会社を一日で退社して、23歳で会社を設立しました。そしてずっと、何のために働くのか、経営の本質とは何か、を考え、悩み続けてきました。

そして、それはそのまま、自分がなぜここに存在して、何を目指して生きているのかを問い続ける日々でもありました。

「私が生まれたのは、幸せになるためのはず。それなのにどうして幸せを実感することができないまま生きているのだろうか？」
「利益をあげることができれば幸せになれるのか。会社が大きくなれば幸せになれるのか。それならば、大きな利益をあげて成長している会社の人たちは、みんな幸せなはずだ。しかし、本当にそうなのだろうか？」

利益をあげることや、成長することを目的とする経営学を追求していくことは、自分自身の疑問を増やすことになっていきました。私がたどり着いた結論は、「人を幸せにすることが、自分を幸せにすることになる」というものでした。

すべての仕事は、社会や他人とかかわっています。モノを仕入れれば仕入れ先と、モノを売れば顧客と、それらの活動を一緒に働く仲間と、といったように、人にかかわらない仕事は存在しません。そのかかわりの中で、どれだけ笑顔を増やし、幸せな人を増やしていくかが事業であると思うようになりました。それは、自分が周りから感謝され、必要とされることにつながります。

「利益を得るために仕事をするのではなく、人を幸せにするために仕事をする。そして、人を幸せにする仕事は、必ず、結果として、利益を得ることができる。つまり、利益は求めるものではなく、自分が人や社会からどれだけ必要とされたかの感謝値にすぎない。人を幸せにする方法は１００万通りあり、自分らしく人を幸せにすることができる。

こう考えると、仕事とは、なんて素晴らしいものなのだろうか。人を幸せにすることこそが、自分を幸せにすることになり、それが、自分がこの世の中で存在している理由なんだ！」

私はこのことに気付いてから、仕事をすること、事業をすることにまったく迷いがなくなったばかりか、毎日が本当に幸せになりました。

私たちは、限りある命の時間をどう生きるのか、常に問いかけられています。「いつか」幸せになりたいと思っているうちに、どんどん年を重ね、いつの間にか人生は終わってしまいます。私は、自分では若いつもりでいましたが、年齢だけは間もなく還暦を迎えようとしています。信じられません！

大切なのは「今」です。今、幸せになることです。毎日、幸せを実感することが、人生を幸せにすることにつながるのだと思います。

誰かを幸せにする努力そのものが、自分を幸せにすることだとすれば、私たちは毎日仕事を通して幸せになることができるのだと思います。

本書が、一人でも多くの働く人々にとって、より幸せになるきっかけになれば、これほどうれしいことはありません。

福島正伸

著者略歴

福島正伸（ふくしま・まさのぶ）

アントレプレナーセンター代表取締役。一九五八年生まれ。早稲田大学法学部卒業後、さまざまな事業に挑戦し、一九八八年株式会社就職予備校（現・アントレプレナーセンター）を設立。代表取締役に就任。通産省産業構造審議会委員をはじめ、数々の委員を歴任。自立創造型相互支援社会を目指し、自立型人材の育成、組織の活性化、新規事業立ち上げ、地域活性化などの支援を続けている。これまで、二五年以上にわたって、日本を代表する大手企業、ビジネススクール、全国の地方自治体などで、のべ三〇万人以上に研修、講演を行う。受講生からは、「人生が変わった」という声が多く寄せられる。「他人の成功を応援すること」を生きがいとしており、企業経営者など多くの人から「メンター」と慕われている。著書は『メンタリング・マネジメント』（ダイヤモンド社）『リーダーになる人のたった1つの習慣』（中経出版）『仕事が夢と感動であふれる5つの物語』（きこ書房）『僕の人生を変えた29通の手紙』（日本実業出版社）『僕はがんを治した』（WAVE出版）など多数。

メールマガジン「夢を実現する今日の一言」配信中

ホームページ https://www.entre.co.jp/

新装版 **真経営学読本**

二〇二一年十月八日 第一刷発行

著 者 福島正伸
発行者 加藤一浩
印刷所 シナノ印刷株式会社

デザイン 松田行正＋杉本聖士
イラスト オガサワラ ユウダイ

〒一六〇-八五二〇 東京新宿区南元町一九
発行・販売 株式会社きんざい
編集部 tel 〇三（三三五五）一七七〇 fax 〇三（三三五七）七四一六
販売受付 tel 〇三（三三五八）二八九一 fax 〇三（三三五八）〇〇三七
URL https://www.kinzai.jp/

ISBN978-4-322-13495-7